Thabit Thabit
Yaser Jasim

Aplicação da informática nos estudos de contabilidade, ambiente e informática

Thabit Thabit
Yaser Jasim

Aplicação da informática nos estudos de contabilidade, ambiente e informática

ScienciaScripts

Imprint

Cover image: www.ingimage.com

This book is a translation from the original published under ISBN 978-620-2-30198-5.

Publisher:
Sciencia Scripts
is a trademark of
Dodo Books Indian Ocean Ltd. and OmniScriptum S.R.L publishing group

120 High Road, East Finchley, London, N2 9ED, United Kingdom
Str. Armeneasca 28/1, office 1, Chisinau MD-2012, Republic of Moldova, Europe
Managing Directors: Ieva Konstantinova, Victoria Ursu
info@omniscriptum.com

Printed at: see last page
ISBN: 978-620-8-51477-8

Conteúdo

Introdução

As Redes Neuronais Artificiais e os Sistemas Periciais são ramos da inteligência artificial e criaram a possibilidade de surgirem novas aplicações informáticas. Por conseguinte, na especialidade de Tecnologia da Informação, surgiu um novo termo "Tecnologia da Informação Verde (TIV)". Com o desenvolvimento do computador e da programação, a segurança da rede é uma questão importante que deve ser manipulada de forma eficiente para desenvolver sistemas que possam lidar com dados ambíguos.

Os sistemas periciais não podem lidar com dados incompletos, por isso, foram fundidos com redes neurais artificiais que têm a capacidade de lidar com esses dados, esta tendência resultou nos chamados sistemas de inteligência híbrida. O GIT utiliza os recursos computacionais de forma eficiente, onde as redes IEEE 802.16 são aplicadas para melhorar as redes WiMax.

Os sistemas de inteligência híbrida são uma abordagem para a construção de sistemas robustos. É uma ferramenta rentável para o controlo e orientação de sistemas e processos complexos, bem como para a eletrónica doméstica e de entretenimento.

Este livro mostra a utilização de Sistemas de Inteligência Híbrida para melhorar sistemas e diagnosticar problemas de aplicação, o GIT utilizado como uma ferramenta em negócios comerciais com um menor impacto no ambiente, onde as redes IEEE 802.16 são utilizadas para melhorar os problemas das estações de retransmissão. Neste livro, estes problemas de investigação são analisados.

Em primeiro lugar, a questão da redução das emissões nocivas das empresas de refinação de petróleo. O papel da divulgação da contabilidade ambiental é avaliado para reduzir as emissões nocivas das empresas de refinação de petróleo através da análise das demonstrações financeiras.

Em segundo lugar, o papel da representação do conhecimento para construir sistemas robustos sem bugs e problemas, e descreve as suas categorias (Implícita,

Explícita) e tipos (Rede Semântica, Ontologia, Regras, Quadros e Lógica).

Em terceiro lugar, a utilização de um sistema de inteligência híbrido que combina (redes RBF e ES) para criar um software capaz de diagnosticar os problemas do Window 7 e resolver a maior parte deles.

Em quarto lugar, a invenção da Tecnologia da Informação Verde com o Balanced Score Card (GBSC) para reduzir os níveis de poluição ambiental.

Em quinto lugar, o papel de complemento de uma estação de retransmissão para as redes IEEE 802.16, que melhora muitos aspectos das redes WiMAX.

Por último, a descrição da forma como as normas internacionais de segurança dos dados aumentam a eficiência da publicação eletrónica através da computação em nuvem.

Neste livro, os autores incluem seis capítulos, o conteúdo de cada capítulo mostra um problema de investigação analisado e sistemas de inteligência híbrida, tecnologia de informação verde e estações de retransmissão como uma ferramenta para resolver o problema.

Capítulo 1

O papel da divulgação da contabilidade ambiental na redução das Emissões nocivas das empresas de refinação de petróleo

***Thabit H. Thabit, e Yaser A. Jasim*[1]**

Resumo:

As políticas de divulgação de informação contabilística ambiental tornaram-se um elemento significativo e influente na preservação do ambiente a nível internacional. Ultimamente, a atenção tem-se concentrado no aspeto ambiental e na tentativa de reduzir a degradação ambiental que se verifica no planeta Terra.

A divulgação da contabilidade ambiental contribui para aumentar a consciência ambiental das organizações, reduzindo também os impactos nocivos dos processos organizacionais sobre o ambiente em particular e a sociedade em geral.

Esta investigação apresentou uma avaliação do papel da divulgação da contabilidade ambiental para reduzir as emissões nocivas das fábricas de refinação de petróleo através da análise das demonstrações financeiras anuais de algumas empresas de refinação de petróleo na Região do Curdistão (KGR), distribuindo 50 formulários de questionário a um número de contabilistas nas fábricas da amostra; estes formulários contêm duas secções, a primeira parte diz respeito às práticas importantes que o contabilista faz na fábrica de refinação de petróleo e a segunda parte centra-se no impacto da divulgação da contabilidade ambiental nas práticas nocivas para o ambiente, para testar esta hipótese utilizámos (teste T) nas amostras.

As conclusões importantes a que a investigação se refere são as práticas de divulgação da contabilidade ambiental das empresas de refinação de petróleo no Curdistão

(KGR) é ainda fraca e as demonstrações financeiras anuais contêm pouca informação contabilística ambiental ou, por vezes, inexistente.

A recomendação feita através deste documento é desenvolver critérios de divulgação da contabilidade ambiental que sejam adequados ao ambiente do Curdistão e aumentar as restrições às empresas de refinação de petróleo para seguirem os critérios com a necessidade de determinar um rácio limitado de informação ambiental que deve ser fornecida nas demonstrações financeiras anuais.

Palavras-chave:

Divulgação de informações contabilísticas, Emissões nocivas, Ambiente, Empresas de

---

[1] *3.ª Conferência Internacional sobre Energia, Ambiente e Ciências Aplicadas, Universidade de Ishik, Erbil, Iraque, 10 de abril de 2016*

refinação de petróleo

1. INTRODUÇÃO

A utilização da energia como recurso natural é, de facto, indispensável para o desenvolvimento económico e não está isenta de consequências ambientais, como o demonstram a degradação ambiental e a poluição atmosférica registadas no Iraque. Nos últimos tempos, tem havido um aumento da preocupação com as alterações climáticas no mundo, que têm sido altamente prejudiciais para a nossa existência; os níveis dos oceanos continuam a subir, o aquecimento global continua a ameaçar; no entanto, recursos naturais como a floresta, que serve de processador natural que regula uma atmosfera apelativa, estão a ser cortados e a capacidade das árvores de removerem o dióxido de carbono da Terra está a diminuir. A parte norte do país está a ser literalmente "levada" pela erosão eólica, enquanto a parte sul está a ser arrastada para o oceano. As cidades urbanas e as vilas do Iraque estão cada vez mais ameaçadas pela poluição do ar e da água e pela eliminação inadequada dos resíduos sólidos, enquanto as zonas rurais são afectadas pela erosão dos solos, pela desflorestação e pelas queimadas.

A necessidade de uma Contabilidade Ambiental tornou-se a preocupação e o foco das nações e de uma gestão empresarial responsável. Tornou-se uma das questões mais importantes na agenda das nações e das empresas no início da década de 1990 e as razões para tal foram várias, provenientes tanto do interior como do exterior da empresa e, particularmente, a nível global.

Em vários países do mundo, foram introduzidas muitas melhorias, leis e regulamentos governamentais em matéria de proteção do ambiente e o Iraque está a responder lentamente.

2. REVISÃO DA LITERATURA RELACIONADA

2.1. O conceito de contabilidade ambiental:

Para compreender melhor a contabilidade ambiental, é necessário fornecer definições de contabilidade ambiental de diferentes pontos de vista. Vários académicos definiram a contabilidade ambiental a partir de diferentes perspectivas.

(Rogers e Kristof, 2003) destacaram alguns dos conceitos de contabilidade ambiental na sequência de investigadores e estudos anteriores. Uma dessas definições é a de que a contabilidade ambiental é utilizada para exprimir um grupo de actividades. Um exemplo destas actividades, tal como (Rogers e Kristof, 2003) mencionaram, é uma demonstração de resultados. A contabilidade ambiental, de acordo com este conceito, significa "contabilizar o valor dos recursos naturais ganhos ou perdidos relativamente ao produto interno bruto" (Rogers e Kristof, 2003: 21).

(Yakhou e Dorweiler, 2004) especificaram que a contabilidade ambiental é um domínio abrangente da contabilidade. Fornece relatórios tanto para uso interno, gerando informação ambiental para ajudar a tomar decisões de gestão sobre preços, controlo de despesas gerais e orçamentação de capital, como para uso externo, divulgando informação ambiental de interesse para o público e para a comunidade financeira (Yakhou e Dorweiler, 2004: 65).

Do mesmo modo, (Stanko et al., 2006) descreveram a contabilidade ambiental como "a identificação, medição e afetação dos custos ambientais, a integração destes custos ambientais nas decisões empresariais e a subsequente comunicação da informação às partes interessadas de uma empresa" (Stanko et al., 2006: 21).

De acordo com (Berr e Friend, 2006), a Contabilidade Ambiental é "a identificação, atribuição e análise dos fluxos de materiais e dos fluxos monetários que lhes estão associados, através da utilização de sistemas de contabilidade ambiental, a fim de proporcionar uma visão dos impactos ambientais e dos efeitos financeiros associados" (Berr e Friend, 2006: 548).

De um modo mais geral, (Rahahleh, 2011) deu uma definição de contabilidade em relação às perspectivas ambientais que é "uma ciência que procura saber como os aspectos ambientais afectam o sistema contabilístico convencional e se este é uma ferramenta eficaz para medir e avaliar os aspectos ambientais das instalações" (Rahahleh, 2011: 125).

2.1.1. Os desafios da contabilidade ambiental:

(Qian e Burritt, 2007) salientaram os numerosos desafios da contabilidade ambiental (Qian e Burritt, 2007: 145):

1) Recolha de todas as informações, financeiras e não financeiras, relacionadas com os problemas ambientais (custos de despoluição, emissão de gases). A questão que se coloca aqui, em contraste com a questão de "como" estimar os custos ambientais.

2) Aproximação de possíveis custos futuros em vez de aceitar uma orientação para os custos históricos. Trata-se de saber "como" estimamos os custos ambientais.

3) Existe um desafio associado à identificação das transacções com o ambiente, que atualmente estão fora do âmbito dos conceitos contabilísticos tradicionais.

2.1.2. As caraterísticas da contabilidade ambiental:

(Qian e Burritt, 2007) identificaram três caraterísticas da contabilidade ambiental (Qian e Burritt, 2007: 148):

1) Contabilidade monetária direta e do fluxo físico de informação. Isto significa que a contabilidade ambiental tem diferentes dimensões. A contabilidade ambiental indica que uma empresa se preocupa com as pegadas ambientais e económicas e com a responsabilidade da organização relativamente a essas pegadas.

2) A contabilização da informação ambiental oculta nas despesas gerais e nos períodos futuros significa que a informação contabilística ambiental vai além dos custos tradicionais. Contém o custo ambiental oculto e futuro, que tem uma relação com o processo de funcionamento.

3) A contabilização das externalidades ambientais é um problema. Isto significa que a contabilidade ambiental se preocupa com os custos ambientais externos indirectos que ocorrem fora da organização.

2.2. O conceito de divulgação contabilística ambiental:

Uma divulgação contabilística é uma declaração divulgada por uma empresa, negócio ou corporação que identifica as estratégias financeiras que estão a ser utilizadas e revela coisas como custos e lucros para um determinado período de calendário. O principal objetivo deste tipo de documento é informar os investidores actuais e potenciais sobre as estratégias e métodos contabilísticos utilizados. Estas demonstrações financeiras incluem, entre outras, o balanço, a demonstração dos fluxos de caixa, a demonstração de resultados e a demonstração do património líquido (Carreira et al., 2014: 497).

De acordo com (Van de Burgwal e Vieira, 2014), a Divulgação da Contabilidade Ambiental pode ser definida como "relatórios públicos das empresas para fornecer às partes interessadas internas e externas uma imagem da posição e das actividades da empresa nas dimensões económica, ambiental e social. Em suma, tais relatórios tentam descrever a contribuição da empresa para o desenvolvimento sustentável" (Van de Burgwal e Vieira, 2014: 62).

2.2.1. O padrão de divulgação da contabilidade ambiental:

A divulgação ambiental é uma etapa fundamental na aplicação da contabilidade ambiental (Cho, Chen e Roberts, 2008), que mencionam alguns critérios importantes para a divulgação ambiental. Estes critérios consistem no facto de as organizações terem de divulgar informações financeiras, tais como custos de conformidade, passivos contingentes e acções judiciais, e informações não financeiras, relacionadas com questões ambientais, tais como emissões de dióxido de enxofre ou derrame de produtos químicos tóxicos (Cho et al., 2008: 452).

Todas as organizações têm de fornecer informações a vários utilizadores, quer sejam utilizadores internos, como os empregados, quer sejam utilizadores externos, como o governo. Estas informações podem ser classificadas em dois tipos: obrigatórias e voluntárias. As informações obrigatórias são as que constam do relatório do diretor, em conformidade com os requisitos da legislação aplicável às empresas. Por outro lado, as informações ambientais voluntárias são as que aparecem noutras secções para além do relatório de gestão. As secções voluntárias do relatório permitem um maior grau de discrição à organização em relação ao conteúdo do material incluído, uma vez que não são obrigatórias (Cowan & Gadenne, 2005: 167).

2.2.1.1. Divulgação obrigatória:

De acordo com (Cowan e Gadenne, 2005), as informações obrigatórias fornecem aos utilizadores do relatório anual um relato factual do cumprimento da regulamentação por parte da organização durante o período de referência. Além disso, afirmam que as divulgações obrigatórias colocarão as empresas declarantes numa posição de maior escrutínio. Observaram que o material incluído no Relatório do Diretor deve comandar um comportamento de divulgação diferente do adotado na secção voluntária (Cowan & Gadenne, 2005: 168).

2.2.1.2. Divulgação voluntária:

A divulgação voluntária é considerada no processo de tomada de decisão de vários grupos de utilizadores. As organizações fornecem divulgação voluntária não só como um meio de satisfazer o direito do utilizador de saber, mas também como uma forma de a organização ser considerada legítima pela sociedade e, subsequentemente, colher as recompensas dessa legitimidade (Eltaib, 2012: 31). Isto constitui um esforço por parte do contabilista de gestão para retratar a informação mais adequada. Assim, de acordo com (Lee, 2005) "a contabilidade gerencial pode ajudar os gerentes organizacionais a determinar como abordar o relatório ambiental" (Lee, 2005: 8). A contabilidade de gestão pode ser útil no controlo dos custos ambientais, fornecendo uma grande quantidade de informação, que é relevante para as questões ambientais e útil para a tomada de decisões. Além disso, (Lee, 2005) conclui que a contabilidade de gestão é a melhor forma de atingir o desempenho máximo da empresa. "Um sistema de gestão ambiental é um sistema de gestão que visa incentivar uma organização a controlar os seus impactos ambientais e a reduzir esses impactos continuamente" (Lee, 2005: 10). Isto implica que a divulgação voluntária assume um duplo objetivo.

2.3. A origem da informação ambiental nos países do Médio Oriente:

Nos últimos anos, a contabilidade ambiental tem crescido devido ao aumento das actividades ambientais e das questões ambientais, como os litígios ambientais e a poluição ambiental nas empresas, especialmente nas que operam em indústrias sensíveis do ponto de vista ambiental, como as indústrias petrolíferas.

Estas questões tornaram-se problemas económicos, sociais e políticos mais proeminentes em todo o mundo (Joshi e Gao 2009: 28).

A contabilidade ambiental tem atraído as comunidades internacionais e os organismos ambientais pelo seu papel no aumento da transparência e da divulgação nas empresas. Isto, por sua vez, criou a atenção das empresas internacionais para a contabilidade ambiental, a fim de demonstrar as suas actividades e práticas, em particular no que diz respeito ao ambiente (Islam, 2010: 31).

As empresas internacionais, especialmente as que operam na indústria petrolífera, podem ser confrontadas com calamidades ambientais resultantes de incidentes ambientais, tais como derrames de petróleo, colisão de petroleiros e explosão de tanques de combustível, que afectam o ambiente circundante das operações das empresas (Rena, 2008: 450).

Estes desastres ambientais e outros incidentes provocaram um aumento da preocupação pública da comunidade em relação às empresas (Cormier et al., 2005: 7).

Além disso, o aumento das actividades das empresas internacionais em mais do que um país contribuiu para aumentar a pressão sobre as empresas.

Por conseguinte, as empresas internacionais podem ser confrontadas com muitos problemas quando divulgam informações ambientais em países diferentes devido à variação das condições económicas e da regulamentação governamental nos países onde operam, bem como ao papel crescente das empresas nacionais (Tan, 2009: 152).

Neste contexto, (Islam, 2010) referiu que quando surgem conflitos entre empresas internacionais e comunidades locais relativamente à divulgação de actividades ambientais, as empresas internacionais devem adotar estratégias claras para a divulgação de actividades ambientais resultantes de operações industriais, quer as suas operações sejam em países desenvolvidos ou em países em desenvolvimento e ter em conta quaisquer conflitos e pressões nesses países (Islam, 2010: 33).

No que diz respeito aos países do Médio Oriente, o sector petrolífero é um dos sectores económicos mais importantes nos países do Médio Oriente exportadores de petróleo, o que atraiu muitas empresas internacionais para operar nesses países, bem como um número crescente de empresas locais (Eljayash et al., 2013: 36).

A economia destes países está a depender principalmente dos recursos esgotados (petróleo e gás), apesar do forte impulso na economia para programas de desenvolvimento da economia pós anos setenta. Os recursos do petróleo contribuem para o desenvolvimento económico e social destes países. O sector petrolífero nos países do Médio Oriente exportadores de petróleo tem assistido a um desenvolvimento notável nas últimas décadas.

Neste período, a taxa de produção diária de petróleo bruto aumentou devido ao aumento do investimento de empresas estrangeiras neste sector. Por conseguinte, o sector petrolífero destes países contribui para as receitas do Estado, que se situavam aproximadamente entre 85% e 95% na maioria destes países nas últimas décadas (Al-Ismaily, 2009: 110).

3. METODOLOGIA DE INVESTIGAÇÃO

Para analisar o papel da divulgação de informação contabilística ambiental na redução das emissões nocivas das empresas de refinação de petróleo no Curdistão, este estudo pretende avaliar a prática de divulgação de informação ambiental entre as empresas industriais cotadas em bolsa. Foi adoptada a análise de conteúdo para analisar o conteúdo dos relatórios anuais das empresas cotadas selecionadas. O método de análise de conteúdo foi adotado por ser um dos métodos mais sistemáticos, objectivos e quantitativos da técnica de análise de dados utilizada noutros estudos de investigação anteriores que envolvem práticas de divulgação ambiental das empresas. Além disso, foi adotado um modelo de investigação de inquérito para obter a resposta de 50 contabilistas incluídos na amostra.

A fim de descobrir o nível de prática de divulgação ambiental entre as empresas industriais selecionadas no Curdistão, este estudo medirá o nível de divulgação ambiental em termos de um número de frases divulgadas, dado que os dados codificados são necessários para refletir a ênfase que as empresas dão a cada categoria de informação. A investigação anterior utilizou uma série de métodos, incluindo a proporção de páginas de divulgação ambiental das empresas e um número de palavras divulgadas. Foi adotado um número de frases divulgadas porque a proporção de páginas de divulgação não tem em conta os diferentes tamanhos de impressão e de página. Foi também utilizado um número de frases divulgadas porque a medição do número de palavras divulgadas é morosa, uma vez que as palavras são mais pequenas e mais numerosas como unidade de medida do que as frases. Por último, a construção de um esquema de categorização é uma fase essencial da investigação em análise de conteúdo. Esta fase envolve a seleção e o desenvolvimento de categorias nas quais as unidades de conteúdo podem ser classificadas.

O instrumento de medida a utilizar contém 16 categorias de conteúdo em quatro dimensões testáveis. Estas são resumidas a seguir:

1) Temas: ambiente, energia, produtos e consumidores, envolvimento da comunidade, empregados, entre outros.

2) Provas: monetárias, não monetárias-quantitativas e declarativas

3) Tipo de notícia: boa, má e neutra.

4) Localização no relatório anual: Declaração do Presidente, Análise das Operações, Relatório do Diretor e Outros.

4. ANÁLISE DOS DADOS

***Tabela 1.* Lista das empresas incluídas na amostra da refinaria de petróleo do Curdistão**

S/N	Code	List of Sampled Companies
1	A	Kar Group[2]
2	B	Bazian Oil Refinery[3]
3	C	TAQA Energy[4]
4	D	Hunt Oil Company[5]

***Quadro 2.* Categoria de Conteúdo Tema das Divulgações Ambientais das Empresas**

Content Category by Theme	A	B	C	D
Environment	4	5	7	6
Products and Consumers	3	8	6	5
Communities / Societies	11	7	7	6
Employees	4	3	8	6
General	10	8	5	9
Total	32	31	33	32

[2] www.karbusiness.com
[3] www.bezhanpet.net
[4] www.taqaglobal.com
[5] www.huntoil.com

Quadro 3. **Localização da informação no relatório**

Location of Information in Report	A	B	C	D
Report of Directors	27%	29%	31%	25%
Chairman's Statement	23%	30%	27%	29%
Director's report	33%	31%	30%	35%
Others	17%	10%	12%	11%
Total	100%	100%	100%	100%

Quadro 4. **Métodos de divulgação de informações ambientais**

Methods of Environmental Disclosures	A	B	C	D
Monetary Disclosures	30	22	20	25
Non-Monetary Disclosures	2	7	10	5
Declarative	0	2	3	2
Total	32	31	33	32

Tabela 5. **Tipo de notícias sobre divulgação de informações ambientais**

News Type of Environmental Disclosures	A	B	C	D
Good News	24	25	28	22
Bad News	2	5	2	6
Neutral	6	1	3	4
Total	32	31	33	32

5. RESULTADOS

Como se pode observar no Quadro 2, que apresenta uma desagregação pormenorizada de um conjunto de frases divulgadas pelas empresas no que respeita à divulgação do ambiente por temas. De um modo geral, é evidente que as empresas apresentam uma maior predisposição para a divulgação de informação sobre ambiente na área das Comunidades/Sociedades, e Geral de acordo com as restantes áreas.

Como mencionado na tabela 3. De acordo com a sua localização nos relatórios das empresas da amostra, os investigadores classificaram a informação ambiental; neste caso, não existe um contraste importante entre as empresas da amostra.

Os diferentes métodos de divulgação de informações ambientais utilizados nos relatórios anuais das empresas incluídas na amostra são apresentados no quadro 4. Os resultados mostram que a divulgação de informações ambientais nos relatórios anuais das empresas é dominada pela divulgação de informações monetárias. No presente documento, as empresas estão mais interessadas em comunicar questões de responsabilidade social das empresas do que numa declaração de divulgação ambiental diretamente declarativa.

Aqui, as divulgações ambientais são categorizadas com base nos seus novos tipos em três grupos. O resultado, tal como apresentado no quadro 5, indica que cerca de 77% das empresas da amostra se concentraram mais na divulgação de boas notícias do que na de más notícias e de notícias neutras, em que se registaram cerca de 12% e 11%, respetivamente.

6. CONCLUSÕES

As políticas de divulgação de informações tornaram-se globalmente a principal componente da política ambiental. A conclusão deste estudo é que a maioria das empresas divulga maioritariamente informações relacionadas com produtos, consumidores, empregados e envolvimento da comunidade. Além disso, a sua observação é que a prática de divulgação ambiental destas empresas contém poucos dados quantificáveis, os resultados da análise forneceram mais provas de que a prática de divulgação ambiental no Curdistão é ainda muito ad-hoc, geral e auto-laudatória por natureza.

Por conseguinte, o estudo recomenda que o desenvolvimento de normas de divulgação ambiental prejudique as práticas de divulgação das empresas, bem como ajude a fornecer dados ambientais quantificáveis. A necessidade de resolver o problema da prática de divulgação ambiental baseada em entidades é tão necessária que é galopante no Curdistão. Além disso, o aumento das restrições impostas às empresas de refinação de petróleo para seguirem os critérios é necessário para determinar um rácio limitado de informações ambientais que devem ser fornecidas nas demonstrações financeiras anuais.

REFERÊNCIAS

Al Ismaily, SBN, Karabegovic, A, e McMahon, F, 2009, Economic Freedom of the Arab World: 2009 Annual Report, Friedrich Naumann Foundation for Liberty, International Research Foundation, e Fraser Institute.

Berr, P. & Friend, F., 2006, Environmental accounting: A management tool for enhancing corporate environmental and economic performance, Ecological Economics, vol. 58, no. 3.

Carreira, F., Damião, A., Abreu, R., e David, F., 2014, Divulgação Ambiental na Perspetiva da Contabilidade ao Relatório, 16th Conferência Internacional de Sistemas de Informação Empresariais, Lisboa, Portugal.

Cormier, D, Magnan, M, e Van Velthoven, B, 2005, Environmental disclosure quality in large German companies: economic incentives, public pressures or institutional conditions? European Accounting Review , vol. 14, no. 1.

Cowan, S. & Gadenne, D., 2005, Australian Corporate Environmental Reporting: A Comparative Analysis of Disclosure Practices Across Voluntary and Mandatory Disclosure Systems, Journal of Accounting & Organizational Change, vol. 1, no. 2.

Eljayash, Kamal Mehemed, Kavanagh, Maria, e Kong, Eric, 2013, práticas de divulgação ambiental em empresas nacionais de petróleo e gás e empresas internacionais de petróleo e gás que operam na organização dos países árabes exportadores de petróleo, International Journal of Business, Economics and Law, Vol. 2, Issue 1.

Eltaib, Eltaib Elzarrouk, 2012, Environmental accounting disclosures of Australian oil and gas companies, Tese de Mestrado em Contabilidade não publicada, Universidade de Wollongong, Nova Gales do Sul, Austrália.

Islam, MA., 2010, Social and environmental accounting research: major contributions and future diretions for developing countries, Journal of the Asia-Pacific center for environmental accountability, vol. 16, no. 2.

Joshi, P & Gao, S., 2009, Multinational corporations' corporate social and environmental disclosures (CSED) on websites, International Journal of Commerce and Management, vol. 19, no. 1.

Lee, T., 2005, Environmental issues and managerial accounting: the IFAC exposure draft, Petroleum Accounting and Financial Management Journal, vol. 24, no. 1.

Qian, W. & Burritt, R., 2007, Environmental accounting for waste management: A study of local governments in Australia, Environmentalist, vol. 27, no. 1.

Rahahleh, M.Y., 2011, Means for Implementation of Environmental Accounting Jordanian Perspectives, International Journal of Business and Management, vol. 6, no. 3.

Rena, S, 2008, Facts and Data On Environmental Risks-Oil & Gas Drilling Operations, na SPE Asia Pacific Oil and Gas Conference and Exhibition 2008- Gas Now, Perth, Austrália.

Rogers, G. & Kristof, J., 2003, Reducing Operational and Product Costs through Environmental Accounting, Environmental Quality Management, vol. 12, no. 3.

Stanko, B.B., Brogan, E., Alexander, E. & Chay, C., 2006, Environmental Accounting, Business & Economic Review, vol. 52, no.3.

Tan, J, 2009, Multinational corporations and social responsibility in emerging markets: opportunities and challenges for research and practice, Journal of business ethics, vol. 86.

Van de Burgwal, Dion, e Vieira, Rui Josë Oliveira, 2014, Determinantes da divulgação ambiental nas empresas holandesas cotadas em bolsa, R. Cont. Fin. - USP, São Paulo, v. 25, n. 64.

Yakhou, M., e Dorweiler, V. P., 2004, Contabilidade ambiental: um componente essencial da estratégia empresarial. Estratégia Empresarial e Meio Ambiente, v. 13, n. 2.

Capítulo 2

Um Manuscrito de Representação do Conhecimento

Yaser A. Jasim, e Thabit H. Thabit[6]

Resumo:

Este artigo descreve a representação do conhecimento e como esta é utilizada em sistemas de inteligência artificial como (Sistemas Periciais, Sistemas de Inteligência Híbrida, Redes Neuronais, etc.) para construir sistemas robustos e sem bugs e problemas, descreve também as categorias de representação do conhecimento (Implícita e Explícita) e os tipos (Regras, Ontologia, Quadros, Redes Semânticas e Lógica), quem é a pessoa que lida com o conhecimento a analisar (Engenheiro do Conhecimento)? como construir uma base de conhecimento para utilizar em sistemas? E quais são os problemas que o engenheiro terá de enfrentar?

Palavras-chave:

Inteligência artificial, Representação de conhecimentos, Base de conhecimentos

1. Introdução

A inteligência artificial (IA) pode ser definida como o ramo da ciência da computação que se ocupa da automatização do comportamento inteligente. Os princípios incluem as estruturas de dados utilizadas na representação do conhecimento (RBC), os algoritmos necessários para aplicar esse conhecimento e as linguagens e técnicas de programação utilizadas na sua implementação [1]. A definição é: Há uma série de tarefas cognitivas que as pessoas realizam facilmente, muitas vezes, de facto, sem qualquer pensamento consciente, mas que são extremamente difíceis de programar em computadores. Exemplos arquetípicos são a visão, a compreensão da linguagem natural e o raciocínio no mundo real"; a inteligência artificial é o estudo da capacidade de os computadores realizarem estas tarefas [2].

Durante a última década, a ontologia tornou-se um meio importante para o intercâmbio e a integração de conhecimentos. Após a divulgação da visão da Web semântica, a ontologia tornou-se sinónimo de solução para muitos problemas relacionados com o facto de os computadores não compreenderem a linguagem humana. A ontologia é reconhecida em diferentes domínios e áreas de investigação para a representação do conhecimento e a recuperação e extração de informações. A ontologia é definida como uma concetualização que significa entidades e relações entre elas. Trata-se de uma concetualização implícita ou explícita para cada base de informação . A ontologia fornece um meio de classificar as coisas que existem e também de as organizar de forma sistemática,

---

[6] *Revista Internacional de Ciências Sociais e Ambiente Económico, 2016, Volume 01, Número 01, pp. 44-55*

analisando as coisas existentes de forma estruturada. A ontologia é um tipo de conhecimento que é utilizado pelos sistemas baseados no conhecimento [3]. A secção 2 trata das categorias de conhecimento, a secção 3 aborda a representação do conhecimento, a secção 4 explica a base de conhecimento e a secção 5 explica uma experiência.

2. Categorias de conhecimento

Existem dois tipos de conhecimentos que podem ser utilizados nos sistemas de inteligência artificial:

1) Implícito, é muitas vezes insuspeito e, além disso, a sua explicação sob a forma de palavras, números ou símbolos não é fácil e, muitas vezes, nem sequer possível [4], o conhecimento implícito é o "saber-fazer" e está relacionado com o processo de aprendizagem, compreensão e aplicação da informação. O conhecimento implícito constitui tudo o que um indivíduo sabe, como as suas percepções profissionais, os seus juízos, a sua intuição e os conhecimentos especiais conhecidos pelos peritos. É também o conhecimento subjetivo encontrado em funcionários individuais e a todos os níveis de uma organização (equipa, departamento, nível empresarial, etc.). É complexo, oculto, altamente individualizado, difícil de formalizar e difícil de partilhar [5].

2) O conhecimento explícito deve unir uma comunidade sob a forma de uma ideia, de uma ação ou de um símbolo de produto. Esta informação deve então ser tornada implícita para ligar uma comunidade maior e criar uma tendência que levará a ideia a uma maior aceitação através da atração contínua de novos membros [6], o conhecimento explícito é o "saber o quê" e é a informação articulada, codificada e comunicada. O conhecimento explícito inclui documentos, tais como decisões de casos, memorandos, discursos, livros, manuais, diagramas de processos, expressões matemáticas e especificações.

3. Representação do conhecimento

É uma área de investigação em IA que tem por objetivo representar o conhecimento em símbolos para facilitar a inferência a partir desses elementos de conhecimento, criando novos elementos de conhecimento, considerando que o conhecimento (é uma progressão de dados para informação, de informação para conhecimento e de conhecimento para sabedoria) e a representação (é uma combinação de sintaxe, semântica e raciocínio) [7]. A progressão do conhecimento mostra como os dados são movidos para várias fases, como se mostra na Fig. (1)

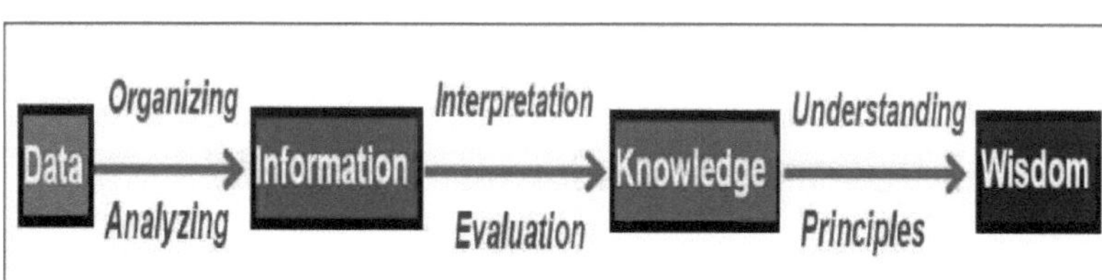

Fig. 1. Evolução dos conhecimentos

Os dados são vistos como um conjunto de factos desconexos. Exemplo: Está a chover.

A informação surge quando as relações entre os factos são estabelecidas e compreendidas; "quem", "o quê", "onde" e "quando". Exemplo: A temperatura desceu 15 graus e depois começou a chover.

O conhecimento surge quando as relações entre padrões são identificadas e compreendidas; "como". Exemplo: Se a humidade for muito elevada e a temperatura descer substancialmente, é pouco provável que as atmosferas consigam reter a humidade, pelo que chove.

A sabedoria é o pináculo da compreensão, revela os princípios das relações que descrevem os padrões. "Porquê". Exemplo: Abrange a compreensão de todas as interações que ocorrem entre a chuva, a evaporação, as correntes de ar, os gradientes de temperatura, as mudanças e a chuva [8].

O modelo de conhecimento diz que, à medida que o grau de "conexão" e "compreensão" aumenta, progredimos dos dados para a informação e do conhecimento para a sabedoria [9], ver Fig. (2).

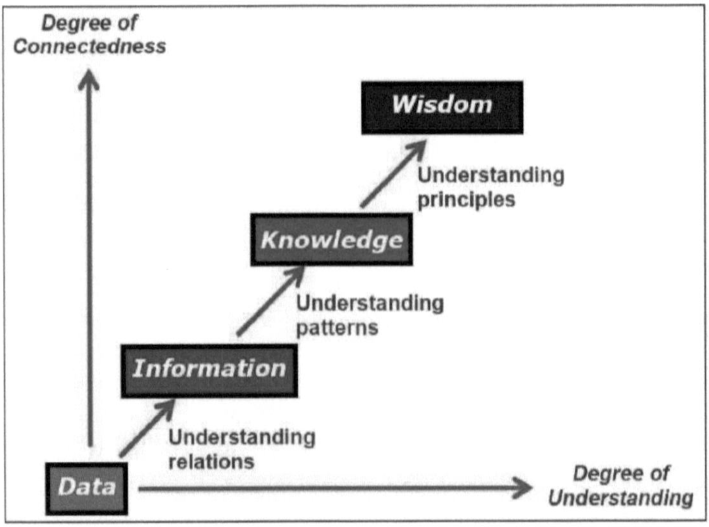

Fig. 2. Modelo de conhecimento

4. Engenharia do conhecimento

A representação do conhecimento é o processo de conceção de um sistema pericial (ES). Consiste em três etapas [7]:

1) Aquisição de conhecimentos: O processo de obtenção de conhecimentos de peritos (através de entrevista e/ou observação de peritos humanos, leitura de livros específicos, etc.)

2) Representação do conhecimento: Seleção das estruturas mais adequadas para representar o conhecimento (listas, conjuntos, guiões, árvores de decisão, triplas de valores objeto-atributo, etc.)

3) Validação dos conhecimentos: Testar se o conhecimento de (ES) é correto e completo

Os projectistas de sistemas inteligentes podem utilizar diferentes elementos para representar diferentes tipos de conhecimento. Os elementos de representação do conhecimento (RBC) podem ser primitivos, como regras, quadros, redes semânticas e mapas conceptuais, ontologias e expressões lógicas. Estes primitivos podem ser combinados em elementos de conhecimento mais complexos. Quaisquer que sejam os elementos utilizados, os projectistas devem estruturar o conhecimento de modo a que o sistema possa processá-lo eficazmente e que os humanos possam facilmente perceber os resultados [10], como exemplo A Fig. (3) mostra a ontologia de uma máquina de venda automática:

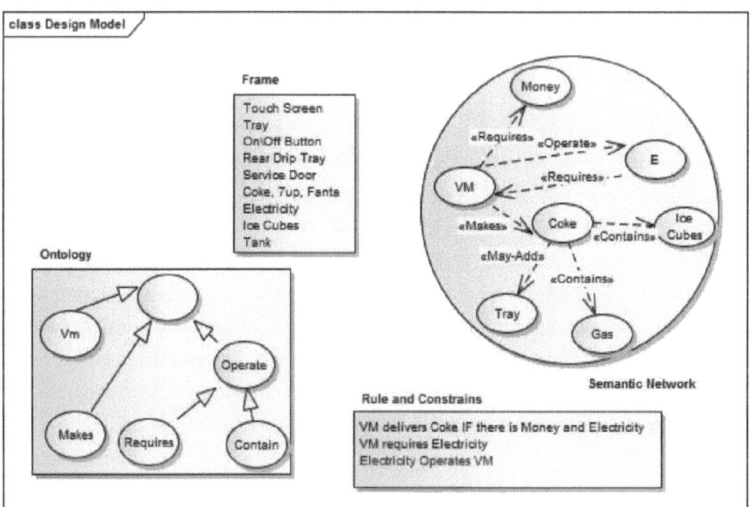

Fig. 3. Ontologia da máquina de venda automática

1) Regras: reflectem a noção de consequência. As regras assumem a forma de construções IF-THEN, como (IF sky is clear AND temperature is low THEN chance of frost is high) e permitem exprimir vários tipos de declarações complexas. As regras podem ser

encontradas em sistemas de programação lógica, como a linguagem Prolog, em bases de dados dedutivas ou em sistemas de regras comerciais [11]. Uma das principais vantagens da RBC baseada em regras é a sua extrema simplicidade, que facilita a compreensão do conteúdo do conhecimento. As regras que são activadas em condições específicas demonstram facilmente o raciocínio. No entanto, um modelo de RBC baseado em regras pode tornar-se muito grande, incorporando milhares de regras e exigindo um esforço e ferramentas adicionais para manter a sua consistência [10].

2) Quadros: Os quadros representam entidades físicas, como objectos ou pessoas, ou conceitos simples através de um conjunto de informações, chamadas de funções de derivação e atribuições de saída, e podem conter descrições de atributos semânticos, bem como detalhes processuais. As molduras contêm dois elementos-chave: as ranhuras são conjuntos de atributos da entidade descrita, com daemons especiais frequentemente incluídos para calcular os valores das ranhuras, e as facetas alargam o conhecimento sobre um atributo [10]. Existem dois tipos de molduras: molduras de objectos e molduras de actividades. As molduras de objectos são utilizadas para representar a entidade do mundo real, não se limitando a uma entidade física. Estas estruturas funcionam como uma estrutura de dados de atividade para representar as mudanças no mundo. Atividade, condição prévia e ação são palavras reservadas que não devem ser utilizadas na especificação [7].

3) Redes semânticas e mapas conceptuais: O conhecimento é frequentemente melhor entendido como um conjunto de conceitos relacionados. Uma rede semântica é um grafo dirigido constituído por nós que representam conceitos ligados por arestas que representam relações semânticas entre esses conceitos. Não existe um conjunto normalizado de relações entre conceitos nas redes semânticas [10], estas são as técnicas de representação declarativa do conhecimento e o Script [12]; as redes semânticas estão intimamente relacionadas com outra forma de representação do conhecimento designada por sistemas de quadros. De facto, os sistemas de quadros e as redes semânticas podem ser idênticos na sua expressividade, mas utilizam metáforas de representação diferentes. Enquanto a metáfora da rede semântica é a de um grafo com nós de conceitos ligados por arcos de relações, a metáfora do enquadramento desenha os conceitos como caixas, ou seja, quadros, e as relações como ranhuras dentro dos quadros que podem ser preenchidas por outros quadros. Assim, na metáfora do enquadramento, o grafo transforma-se em caixas aninhadas [11], onde os mapas conceptuais são semelhantes às redes semânticas, mas rotulam as ligações entre nós de formas muito diferentes. São considerados mais poderosos do que as redes semânticas porque podem representar conceitos bastante complexos, por exemplo, uma hierarquia de conceitos em que cada nó constitui um conceito distinto. Os mapas conceptuais são úteis quando os designers pretendem utilizar um sistema inteligente para adotar uma visão construtivista da aprendizagem [10].

4) Ontologia: A ontologia herda os conceitos básicos fornecidos pelas regras, quadros, redes semânticas e mapas conceptuais. Representam explicitamente conceitos de domínio, objectos e as relações entre esses conceitos e objectos para formar a estrutura básica em torno da qual o conhecimento pode ser construído [10]. Nas últimas décadas, a utilização de ontologias nos sistemas de informação tornou-se cada vez mais popular em vários domínios de investigação, como as tecnologias Web, a integração de bases de dados, os sistemas multiagentes e o processamento de linguagem natural [13]. Fundamentalmente, as ontologias são utilizadas para melhorar a comunicação entre pessoas e/ou computadores. Ao descreverem o significado pretendido das "coisas" de uma forma formal e inequívoca, as ontologias aumentam a capacidade de os seres humanos e os computadores interoperarem sem problemas e, consequentemente, facilitam o desenvolvimento de aplicações de software semânticas (e mais inteligentes) [13].

5) Lógica: Para obter a semântica precisa necessária para fins computacionais, os projectistas de sistemas inteligentes utilizam frequentemente a lógica para formalizar o RBC. Além disso, a lógica é relevante para o raciocínio (inferir novos conhecimentos a partir de conhecimentos existentes), o que, por sua vez, é relevante para a implicação e a dedução. O formalismo lógico mais importante utilizado para a RBC é a lógica de primeira ordem. A FOL ajuda a: 1. Descrever um domínio de conhecimento como sendo constituído por objectos

2. Construir fórmulas lógicas em torno desses objectos.

À semelhança das redes semânticas, as afirmações em linguagem natural podem ser expressas com fórmulas lógicas que descrevem factos sobre objectos utilizando símbolos predicados e funcionais [10].

O conhecimento implícito pode ser representado através da utilização de Redes Neuronais que são criadas e adaptadas pelo algoritmo de aprendizagem; a representação óptima depende dos pesos entre os nós.

As questões a considerar relativamente à representação do conhecimento são as seguintes [7]:

1) Tamanho do grão - Detalhe da resolução

2) Âmbito de aplicação

3) Modularidade

4) Compreensibilidade

5) Conhecimento explícito vs. conhecimento implícito

6) Conhecimento processual vs. conhecimento declarativo

5. Base de conhecimentos:

Nos últimos anos, foram construídas várias bases de conhecimento (KB) em grande escala, incluindo projectos académicos como YAGO, NELL, DBpedia e Elementary/ Deep-Dive, bem como projectos comerciais, como os da Microsoft, Google, Facebook, Walmart, entre outros. Estes repositórios de conhecimento armazenam milhões de factos sobre o mundo, tais como informações sobre pessoas, lugares e coisas (genericamente designados por entidades) [14].

A base de conhecimentos armazena o conhecimento da empresa com mapeamentos para a ontologia através de um processo estruturado. Existem relações de correspondência entre os dois e, para o conhecimento na base de conhecimentos, existe uma semântica correspondente na base ontológica. A base de informações do utilizador armazena informações relacionadas com o utilizador, incluindo I. informações pessoais fornecidas pelos utilizadores; II. Informações recolhidas através da análise dos percursos de acesso dos utilizadores, das missões de pesquisa, etc. A base de informações sobre os utilizadores tem essencialmente duas funções. Em primeiro lugar, ajuda a melhorar a eficiência da pesquisa, tirando partido das preferências do utilizador para filtrar os resultados da pesquisa e melhorar a sua precisão. Em segundo lugar, permite obter conhecimentos com base nos interesses do utilizador [5]. Os sistemas baseados no conhecimento têm um modelo computacional de um domínio de interesse em que os símbolos servem de substitutos de artefactos do domínio real, como objectos físicos, eventos, relações, , etc. [11]. [11]. Os projectistas notaram que o aspeto mais difícil na construção de sistemas de inteligência é iniciar a sua base de conhecimento, este processo é normalmente feito pelo engenheiro de conhecimento que contribui com outro especialista do domínio do problema para adquirir mais informações sobre o problema.

6. Experiência

Utilizando a representação do conhecimento no sistema pericial neural para construir o software "Resolução de problemas do Windows 7", representámos as duas categorias de conhecimento; explícito, com a utilização de técnicas artificiais de sistemas periciais e implícito, utilizando redes neurais como base de conhecimento. A tabela 1 mostra a integração de sistemas periciais e redes neuronais e apresenta as capacidades do sistema pericial neuronal.

QUADRO I. Referências de sistemas periciais neurais

	Expert system	Neural network	Neural expert system
Knowledge representation	★	●	★
Uncertainty tolerance	●	★	★
Imprecision tolerance	●	★	★
Adaptability	●	★	★
Learning ability	●	★	★
Explanation ability	★	●	★
Maintainability	●	★	★
The terms used for grading are: ★ Good , ● Bad			

Um sistema pericial neural, como mostra a figura 4, explica a estrutura básica. Ao contrário de um sistema pericial baseado em regras, a base de conhecimentos no sistema pericial neural é representada por uma rede neural treinada [15] [16].

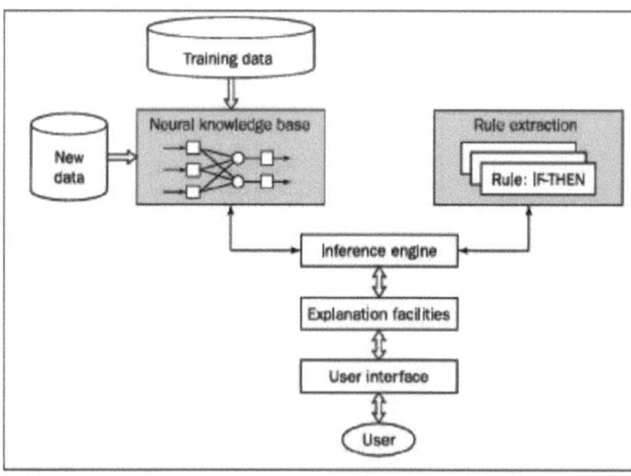

Fig. 4. Estrutura básica de um sistema pericial neural

7. Conclusão

A conclusão é que o conhecimento pode ser representado explicitamente em cinco elementos básicos (Quadros, Ontologias, Redes Semânticas, Lógica e Regras) e, nalguns casos complexos, podemos combinar mais do que um elemento para representar o nosso conhecimento. O conhecimento implícito pode ser representado utilizando Redes Neuronais Artificiais (Backpropagation, Função de Base Radial e redes recorrentes) com pesos óptimos. Os autores concluíram no seu artigo que, de acordo com a experiência mencionada, quando se utiliza o sistema pericial neural, a representação perfeita é explícita e implícita.

8. Recomendações

1. A representação do conhecimento é tão importante para o trabalho que recomendamos a sua utilização em qualquer domínio para obter resultados exactos.

2. A nossa recomendação é aplicar o método híbrido de representação do conhecimento (implícito e explícito), que tem uma capacidade valiosa para construir um sistema robusto.

Referências

[1] George, F. Luger, 2009, "Artificial intelligence: structures and strategies for complex problem-solving Sixth Edition", Universidade do Novo México, Addison Wesley, Pearson Education, Inc.

[2] Davis, Ernest, 2013, "The Singularity and the State of the Art in Artificial Intelligence", Dept. of Computer Science\ New York University\ New York, NY 10012\ USA.

[3] Sarika, Jain, e Sanju, Mishra, 2014, "Knowledge Representation with Ontology Tools & Methodology", International Journal of Computer Applications (IJCA), Conferência Internacional sobre Avanços em Engenharia Informática e Aplicações (ICACEA-2014) no IMSEC, GZB, Índia.

[4] Matoskova, Jana, Rehackova, Helena, Sobotkova, Eliska, Polcakova, Martina, Jurasek, Martin, Gregar, Ales e Svec, Vlastimil, 2013, "Facilitating Leader Tacit Knowledge Acquisition", Journal of Competitiveness, Vol. 5, Issue 1, pp. 3-15, Checo.

[5] Tianyushan, 2014, "Investigação sobre o quadro de gestão do conhecimento tácito das empresas de pneus com base na Web 3.0", Journal of Chemical and Pharmaceutical Research, 6(2):67-71, Índia.

[6] Cincotta , Dominic, 2014, "The Role Of Knowledge Management And The Movement From Explicit To Tacit Knowledge, In Bridging The Early Adoption Gap In Technology Product Introduction", Issues in Information Systems, Volume 15, Issue I, pp. 118-122, EUA.

[7] Rajeswari, P. V. N., and Prasad, T. V., 2012, "Hybrid Systems for Knowledge Representation in Artificial Intelligence", (IJARAI) International Journal of Advanced Research in Artificial Intelligence, Vol. 1, No. 8, India.

[8] Sita, Gupta, Deepak, Kumar Mohta, Vinod, Todwal e Sushma, Singh, 2011, "Knowledge Representation", International Journal of Soft Computing and Engineering (IJSCE), Vol. 1, Issue-NCAI2011, Índia.

[9] Al-Alusi, Yaser A., 2013, "Design of Hybrid Intelligence System to Diagnose Windows 7 Troubleshooting", Departamento de Engenharia de Software, Faculdade de Informática e Matemática, Universidade de Mosul, Iraque.

[10] Vassev, Emil, and Hinchey, Mike, 2011, "Knowledge Representation and Reasoning for Intelligent Software Systems", Lero-the Irish Software Engineering Research Centre, IEEE Computer Society 0018-9162, PP. 96-99.

[11] Stephan, Grimm, Pascal, Hitzler e Andreas, Abecker, 2007, "Knowledge Representation and Ontologies: Logic, Ontologies and SemanticWeb Languages", FZI Research Center for Information Technologies, Universidade de Karlsruhe, Alemanha.

[12] Poonam, Tanwar, Prasad, T. V. and Datta, Kamlesh, 2010, "Hybrid Technique For Effective Knowledge Representation & A Comparative Study", Dean (R&D), Lingaya's University, Faridabad, Haryana, India.

[13] Ruben, Costa, e Celson, Lima, 2014, "Representações de Conhecimento com Suporte Ontológico para Engenharia Colaborativa em Arquitetura, Engenharia e Construção", Journal of Information Technology in Construction, Europa.

[14] Xin, Luna Dong, Evgeniy, Gabrilovich, Geremy, Heitz, Wilko, Horn, Ni Lao, Kevin, Murphy, Thomas, Strohmann, Shaohua Sun e Wei Zhang, 2013, "Knowledge Vault: A Web-Scale Approach to Probabilistic Knowledge Fusion", Google, 1600 Amphitheatre Parkway, Mountain View, EUA.

[15] Jasim, Yaser A., and Hasoon, Safwan O., 2013, "Diagnosis Windows Problems Based on Hybrid Intelligence Systems", Journal of Engineering Science & Technology(JESTEC), Vol. 8, Issue 5, Pages 566-578, School of Engineering, Taylor's University, Malaysia.

[16] Jasim, Yaser A., and Thabit, Thabit H., 2015," A Design of "Windows 7 Troubleshooting" Software Using Hybrid Intelligence Systems", International Journal of Engineering Research & Management Technology, Vol. 2, Issue 2, India.

Capítulo 3

Conceção de um software de "resolução de problemas do Windows 7 utilizando sistemas de inteligência híbrida

Yaser A. Jasim, e Thabit H. Thabit[7]

Resumo:

Este artigo descreve a integração de duas tecnologias de inteligência artificial, as redes de funções de base radial, com sistemas especializados para construir um sistema híbrido robusto. A construção deste software de sistema híbrido proposto destina-se a diagnosticar as mensagens de erro e a dar recomendações para reparar os problemas do sistema operativo (Windows 7) e a resolver os problemas que podem ser reparados. A rede neural tem caraterísticas únicas que lhe permitem completar os dados incompletos; o sistema pericial não consegue lidar com dados incompletos, mas a utilização individual da rede neural tem algumas desvantagens, nomeadamente o facto de não poder dar explicações e recomendações para os problemas.

O sistema pericial tem as caraterísticas opostas às da rede neural, que é a capacidade de explicar e dar recomendações utilizando as regras e o perito humano em determinadas condições. Por conseguinte, combinámos as duas tecnologias. São utilizados modelos de processos de engenharia de software para construir o software proposto. O documento explicará os métodos de integração entre as duas tecnologias e qual o método mais adequado para ser utilizado no sistema híbrido proposto.

Termos de índice:

Sistema de Inteligência Híbrida, Windows, Sistema Inteligente Artificial

1. INTRODUÇÃO

Um sistema operativo (Windows) é, em princípio, complicado e existem vários elementos distribuídos pelo plano, pelo que o fenómeno de falha difere muito e as razões da falha são difíceis de identificar, sendo necessário desenvolver um sistema de diagnóstico assistente correspondente [3].

A estrutura principal do sistema proposto é discutida, o que inclui a descrição dos requisitos, a análise, o design e a implementação do sistema de inteligência híbrida proposto para diagnosticar mensagens de erro com que se deparam os utilizadores do sistema operativo Windows 7. Este sistema foi codificado através da utilização da linguagem de programação Matlab (R2010a).

A secção 2 trata dos trabalhos relacionados, a secção 3 aborda as descrições dos requisitos, a secção 4 apresenta uma discussão dos módulos fundamentais, a secção 5 apresenta o diagrama de análise e conceção e os algoritmos utilizados para construir o sistema, no que diz respeito ao seu

---

[7] *Jornal Internacional de Pesquisa em Engenharia e Tecnologia de Gestão, 2015, Volume 02, Edição 02, pp. 1-13*

funcionamento e explica as interfaces que o sistema oferece aos seus utilizadores. Existem tópicos fundamentais nesta secção : análise e conceção da rede de funções de base radial (RBF), sistema pericial e módulos de acoplamento das duas técnicas inteligentes. A secção 6 trata da conceção da interface e as secções 7 e 8 apresentam os resultados e as conclusões.

2. TRABALHOS RELACIONADOS

Durante os últimos anos, a integração entre Sistemas Periciais e Redes Neuronais Artificiais tem recebido uma atenção considerável na comunidade de investigação. Os investigadores Li Chunming e Hu Dawei em (2007) propuseram um sistema dependente de Sistemas Periciais e Redes Neuronais para diagnosticar falhas em circuitos de sinalização [4], Lizhi Xiao e Dexiang Sun (2010) propuseram um sistema pericial neural híbrido para diagnosticar falhas em sistemas de UAV [5] e outros investigadores como Dhanunjaya Y.A. Reddy e Dilip Kumar Pratihar (2011) combinaram Redes Neuronais e Sistemas Periciais para prever distribuições de temperatura no processo de soldadura por feixe de electrões [1].

Neste artigo, propusemos um Sistema Híbrido dependente de técnicas de Sistemas Peritos e Redes Neuronais para diagnosticar a resolução de problemas do Windows (sistema operativo) [2].

3. DESCRIÇÕES DOS REQUISITOS

O papel dos requisitos para iniciar o sistema é fundamental, a extração destes requisitos é uma atividade importante na Engenharia de Software que visa a sua aquisição e compreensão. O sistema precisa de requisitos funcionais e não-funcionais, que são representados aqui através do Modelo de Caso de Uso, como pode ser visto na Fig. 1. O utilizador observa os principais processos do sistema; Diagnóstico e manutenção sem conhecimento dos procedimentos internos, mas do ponto de vista do programador, ele tem um conhecimento completo dos procedimentos internos de como o sistema funciona.

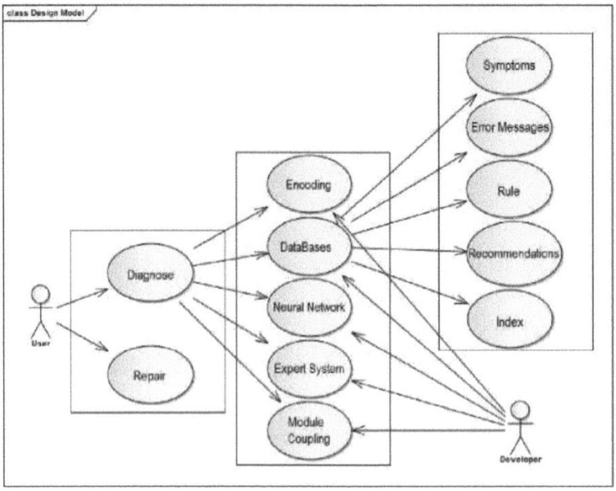

Fig.1 Diagrama de casos de utilização do sistema proposto

Depois de analisar os requisitos através da utilização do modelo de casos de utilização e de compreender os resultados do sistema, serão extraídos os requisitos funcionais e não funcionais.

A. Requisitos não funcionais

1) Usabilidade, o sistema deve ser fácil de utilizar pelos utilizadores do computador.

2) Extensibilidade, a capacidade de acrescentar novos problemas ao sistema.

3) Desempenho, o sistema deve ser preciso para diagnosticar as mensagens de erro e reparar os problemas com menos esforço e custo.

4) Fiabilidade: o utilizador deve ter confiança nos resultados e na precisão do sistema.

B. Requisitos funcionais

1) O sistema deve ser capaz de diagnosticar os problemas, independentemente de serem ou não novos para o sistema.

2) O sistema tem a capacidade de treinar os dados dos problemas que foram adicionados e armazenados na base de dados.

3) O sistema deve ser capaz de resolver os problemas que podem ser reparados através do sistema, mas, de acordo com os problemas relacionados com o hardware, são dadas recomendações sobre a forma de os resolver.

4. OS MÓDULOS FUNDAMENTAIS DO SISTEMA

A conceção de qualquer sistema deve ser composta por três unidades:

1. Unidade de entrada, os dados de entrada são texto que é a mensagem de erro (Sintomas) do problema que é mostrada ao utilizador do sistema operativo win7.

2. Uma unidade de processo, existem dois processos que podem ser aplicados aos dados de entrada no sistema.

   - No processo de diagnóstico, o texto é recolhido e convertido num código binário para que a rede neural possa tratar e diagnosticar o problema e, em seguida, transmiti-lo ao sistema pericial para que este apresente ao utilizador a recomendação para resolver o problema.

   - Processo de reparação, em que o sistema toma uma decisão para ver se o problema pode ser resolvido ou não através do sistema proposto.

3. Unidade de saída, a saída é o tipo de erro com as recomendações de como o corrigir. O procedimento do sistema é apresentado na Fig. 2 através da utilização do diagrama de caixa.

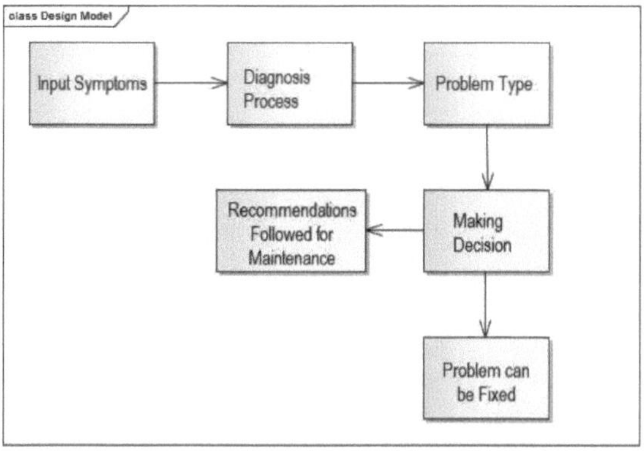

Fig.2 Diagrama de caixa para o sistema proposto

5. ANÁLISE E CONCEÇÃO DE SISTEMAS

Nas secções anteriores foram conhecidos os requisitos gerais do sistema, pelo que se inicia agora a fase de análise e conceção do sistema proposto e o conhecimento das tarefas que este pode realizar.

O sistema proposto é um sistema de inteligência híbrido que consiste em Redes Neuronais Artificiais e Sistemas Peritos, que diagnostica problemas do Windows 7 utilizando Redes Neuronais. Este processo é feito através da inserção de mensagens de texto para os sintomas relacionados com um problema específico que é mostrado ao utilizador através de interfaces do sistema. Depois de concluída a tarefa da rede neural e identificado o tipo de erro, os dados são transferidos para o sistema pericial, que fornece explicações e recomendações sobre os problemas. Estas recomendações são texto e armazenadas como registos de sequência aplicados pelo utilizador de acordo com a sequência mencionada para lhe dar a capacidade de resolver os problemas através da utilização do sistema. Os problemas que podem ser resolvidos através das recomendações relacionadas com o sistema serão igualmente apresentados após a ativação do botão de resolução apresentado na interface.

Os parágrafos seguintes desta secção descrevem o processo das unidades utilizadas para iniciar o sistema de inteligência híbrida.

A. Codificação de dados do sistema

Os dados introduzidos no sistema são uma mensagem de texto com os sintomas que causaram o problema. Como estes dados são texto, é necessário codificá-los em código binário, atribuindo a cada mensagem de texto um código específico. A codificação dos dados é efectuada para que o sistema possa tratá-los e armazená-los numa enorme base de dados de sintomas e mensagens de erro.

B. Construção de dados

A base de dados tem caraterísticas importantes, que são a facilidade e a flexibilidade de acesso aos dados nela contidos; as bases de dados utilizadas no sistema proposto contêm todos os dados de que o sistema necessita para realizar as suas tarefas. Quatro bases de dados são iniciadas e utilizadas no sistema: base de dados de receitas (sintomas), base de dados de resultados (mensagens de erro), recomendações e uma base de dados de índices. O software de aplicação utilizado para iniciar as bases de dados é o "Microsoft Office/ Excel".

1) Sintomas

Como já foi referido, esta base de dados contém todos os dados de entrada (sintomas) sob a forma de texto e respetivo código binário. É constituída por mais de mil linhas (registos) e dez colunas, como mostra a Fig. 3, e é utilizada pelo sistema.

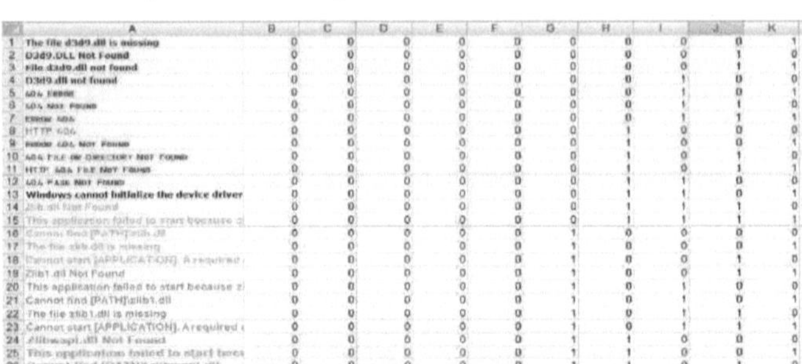

	A	B	C	D	E	F	G	H	I	J	K
1	The file d3d9.dll is missing	0	0	0	0	0	0	0	0	0	1
2	D3d9.DLL Not Found	0	0	0	0	0	0	0	0	1	0
3	File d3d9.dll not found	0	0	0	0	0	0	0	0	1	1
4	D3d9.dll not found	0	0	0	0	0	0	0	1	0	0
5	404 ERROR	0	0	0	0	0	0	0	1	0	1
6	404 NOT FOUND	0	0	0	0	0	0	0	1	1	0
7	ERROR 404	0	0	0	0	0	0	0	1	1	1
8	HTTP 404	0	0	0	0	0	0	1	0	0	0
9	[illegible] 404 NOT FOUND	0	0	0	0	0	0	1	0	0	1
10	404 FILE OR DIRECTORY NOT FOUND	0	0	0	0	0	0	1	0	1	0
11	HTTP 404 FILE NOT FOUND	0	0	0	0	0	0	1	0	1	1
12	404 PAGE NOT FOUND	0	0	0	0	0	0	1	1	0	0
13	Windows cannot initialize the device driver	0	0	0	0	0	0	1	1	0	1
14	Zlib.dll Not Found	0	0	0	0	0	0	1	1	1	0
15	This application failed to start because o	0	0	0	0	0	0	1	1	1	1
16	Cannot find [PATH]zlib.dll	0	0	0	0	0	1	0	0	0	0
17	The file zlib.dll is missing	0	0	0	0	0	1	0	0	0	1
18	Cannot start [APPLICATION]. A required	0	0	0	0	0	1	0	0	1	0
19	Zlib1.dll Not Found	0	0	0	0	0	1	0	0	1	1
20	This application failed to start because z	0	0	0	0	0	1	0	1	0	0
21	Cannot find [PATH]zlib1.dll	0	0	0	0	0	1	0	1	0	1
22	The file zlib1.dll is missing	0	0	0	0	0	1	0	1	1	0
23	Cannot start [APPLICATION]. A required	0	0	0	0	0	1	0	1	1	1
24	Zlibwapi.dll Not Found	0	0	0	0	0	1	1	0	0	0
25	This application failed to start beca	0	0	0	0	0	1	1	0	0	1
26	Cannot find [PATH]zlibwapi.dll	0	0	0	0	0	1	1	0	1	0

Fig.3Banco de dados de sintomas

2) Mensagens de erro

Esta base de dados contém todas as mensagens de erro sob a forma de texto e o respetivo código binário para cada erro. É constituída pelo mesmo número de linhas que a base de dados dos sintomas. O sistema pega apenas no texto e inicia-o para entrar no sistema pericial visto na fig. 4.

	A	B	C	D	E	F	G	H	I	J
1	D3d9.dll Error Messages	0	0	0	0	0	0	0	0	1
2	D3d9.dll Error Messages	0	0	0	0	0	0	0	0	1
3	D3d9.dll Error Messages	0	0	0	0	0	0	0	0	1
4	D3d9.dll Error Messages	0	0	0	0	0	0	0	0	1
5	404 Not Found error messages	0	0	0	0	0	0	0	1	0
6	404 Not Found error messages	0	0	0	0	0	0	0	1	0
7	404 Not Found error messages	0	0	0	0	0	0	0	1	0
8	404 Not Found error messages	0	0	0	0	0	0	0	1	0
9	404 Not Found error messages	0	0	0	0	0	0	0	1	0
10	404 Not Found error messages	0	0	0	0	0	0	0	1	0
11	404 Not Found error messages	0	0	0	0	0	0	0	1	0
12	404 Not Found error messages	0	0	0	0	0	0	0	1	0
13	Code 37 Error Message	0	0	0	0	0	0	0	1	1
14	Zlib.dll Error Messages	0	0	0	0	0	0	1	0	0
15	Zlib.dll Error Messages	0	0	0	0	0	0	1	0	0
16	Zlib.dll Error Messages	0	0	0	0	0	0	1	0	0
17	Zlib.dll Error Messages	0	0	0	0	0	0	1	0	0
18	Zlib.dll Error Messages	0	0	0	0	0	0	1	0	0
19	Zlib1.dll Error Messages	0	0	0	0	0	0	1	0	1
20	Zlib1.dll Error Messages	0	0	0	0	0	0	1	0	1
21	Zlib1.dll Error Messages	0	0	0	0	0	0	1	0	1
22	Zlib1.dll Error Messages	0	0	0	0	0	0	1	0	1
23	Zlib1.dll Error Messages	0	0	0	0	0	0	1	0	1
24	Zlibwapi.dll Error Messages	0	0	0	0	0	0	1	1	0
25	Zlibwapi.dll Error Messages	0	0	0	0	0	0	1	1	0
26	Zlibwapi.dll Error Messages	0	0	0	0	0	0	1	1	0

Fig.4 Base de dados de mensagens de erro

3) Recomendações

O sistema extrai uma regra para cada erro. Esta regra é utilizada para que o sistema possa retirar recomendações da base de dados e apresentá-las ao utilizador para que este possa concluir o processo de reparação. Esta base de dados contém todas as recomendações que o utilizador seguirá para resolver o problema, sendo que cada linha (registo) tem uma mensagem de texto que representa as recomendações seguidas, como mostra a Fig. 5.

	A
1	Restart your computer if you haven't already restarted it at least once after seeing the Code 37 error.
2	Retry the web page by clicking the refresh/reload button or trying the URL from the address bar again.
3	It's also possible that you simply have the wrong URL - entirely. You might be trying to access a webpage that exists as another name
4	you may want to attempt to contact the webmaster for information on where you might locate the page you're looking for.
5	Assuming the latest DirectX version from Microsoft doesn't fix the d3d9.dll error you're receiving, look for a DirectX installation program on your game or applicatior
6	Delete the UpperFilters and LowerFilters registry values. One common cause of Code 37 errors is the corruption of two registry values in the DVD/CD-ROM Drive
7	Restart your computer if you haven't yet.
8	Check for errors in the URL. Often times the 404 Not Found error appears because the URL was typed wrong or the link that was clicked on points to the wrong Ul
9	Did you install a device or make a change in Device Manager just before the Code 37 error appeared? If so, it's highly likely that the change you made caused the (
10	Run the sfc /scannow System File Checker command to scan for, and replace if necessary, missing or corrupt Windows files.
11	If you move all the way up to the website's main page, try to run a search for the information you're looking for.
12	Install the latest version of Microsoft DirectX.
13	Reinstall the drivers for the device. Uninstalling and then reinstalling the drivers for the device is another likely solution to a Code 37 error.
14	Uninstall the game or software program and then reinstall it again.
15	Replace the hardware. If none of the previous troubleshooting has worked, you might need to replace the hardware that has the Code 37 error.
16	Move up one directory level at a time in the URL until you find something.
17	Update the drivers for the device. Installing the latest drivers for a device with the Code 37 error is another possible fix.
18	Restore the d3d9.dll file from the latest DirectX software package.
19	Update the drivers for your video card.
20	Restore zlib.dll from the Recycle Bin.
21	Run a virus/malware scan of your entire system.
22	Use System Restore to undo recent system changes.
23	Reinstall the program that uses the zlib.dll file.
24	Update the drivers for hardware devices.
25	Roll back a driver to a previously installed version.
26	Install any available Windows updates.

Fig.5 Base de dados de recomendações

4) Índice

Esta base de dados é a principal e mais importante base de dados utilizada pelo sistema. Contém linhas e colunas e cada célula tem um número que representa uma linha na base de dados de recomendações. O conteúdo de cada linha desta base de dados é obtido através da regra estabelecida para cada erro. Se a parte de conclusão da regra, por exemplo, for um número (3), este número remete para a linha (3) da base de dados de índice e reúne o seu conteúdo, que inclui várias células. A fig. 6 mostra a base de dados de índice.

	A	B	C	D	E	F	G	H	I	J	K	L	M
1	1	9	6	13	17	10	15						
2	2	8	16	11	3	4							
3	7	12	5	14	18	19							
4	20	21	22	23	24	25	10	26	27	28	29	30	31
5	33	21	22	23	24	25	10	26	27	28	29	30	31
6	32	21	22	23	24	25	10	26	27	28	29	30	31
7	34	21	22	23	24	25	10	26	27	28	29	30	31
8	35	21	22	23	24	25	10	26	27	28	29	30	31
9	36	21	22	37	24	25	10	26	27	28	29	30	31
10	38	21	22	39	24	25	10	26	27	28	29	30	31
11	40	21	22	41	24	25	10	26	27	28	29	30	31
12	42	21	22	43	24	25	10	26	27	28	29	30	31
13	44	21	22	45	24	25	10	26	27	28	29	30	31
14	7	12	46	14	47	19							
15	7	12	48	14	49	19							
16	50	21	22	51	24	25	10	26	27	28	29	30	31
17	7	12	52	14	53	19							

Fig.6 Base de dados de índices

C. Rede RBF para diagnosticar mensagens de erro

A primeira técnica inteligente utilizada no sistema de inteligência híbrido proposto é a rede neural artificial, que é compatível com dados incompletos e tem a capacidade de treinar os dados para apresentar resultados corretos, o que justifica a utilização das redes neurais artificiais, que são aplicadas para diagnosticar problemas do sistema operativo Windows 7.

A rede de função de base radial (RBF) é a rede neural artificial aplicada no sistema proposto, tem a capacidade de classificar e apresentar os resultados mais rapidamente do que outras redes neurais no que respeita à exatidão dos resultados. A rede RBF é constituída por uma camada oculta cuja criação e treino são efectuados numa única fase. A estrutura desta rede neural consiste em dez (10) nós na camada de entrada, um número de nós na camada oculta igual ao número de mensagens de erro contidas na base de dados de sintomas e a camada de saída tem nove (9) nós.

O processo de diagnóstico é efectuado através de redes neuronais. Depois de codificar os dados de entrada e de os guardar na base de dados de sintomas, a rede neuronal pega no código seguido para cada problema introduzido no sistema e espalha-o pelos nós da camada de entrada, enquanto os dados na base de dados são guardados como uma linha, depois têm de ser invertidos para uma coluna, porque as redes neuronais tratam os dados em paralelo, como mostra a fig.7.

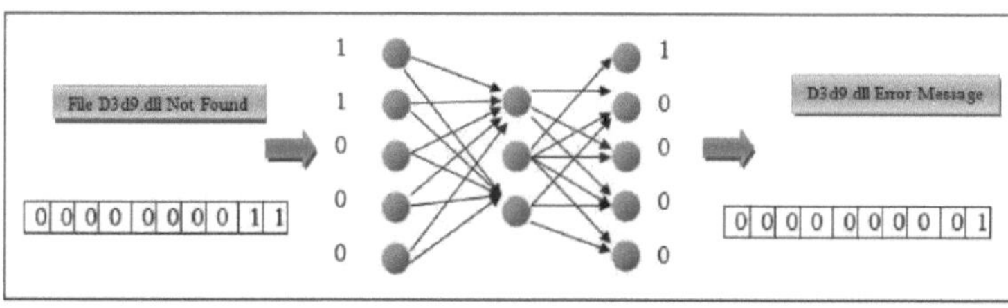

Fig.7 Processo de diagnóstico

O processo de diagnóstico é concluído e o tipo de erro é identificado, sendo os resultados iniciados para entrar no sistema pericial. O diagrama de caixa declarado na fig. 8 mostra um diagrama de conceção simples dos procedimentos da função de base radial, que consiste em quatro fases principais; a primeira fase é o nível inicial da rede neural, que é a camada oculta, e a segunda fase é a camada de saída, são introduzidos dados treinados e a saída é o valor líquido, o treino é aplicado utilizando a função de sinal e isto é feito na terceira fase, guardando os pesos óptimos e inserindo-os com os dados treinados para realizar o processo de teste na quarta fase e, em seguida, são apresentados os resultados.

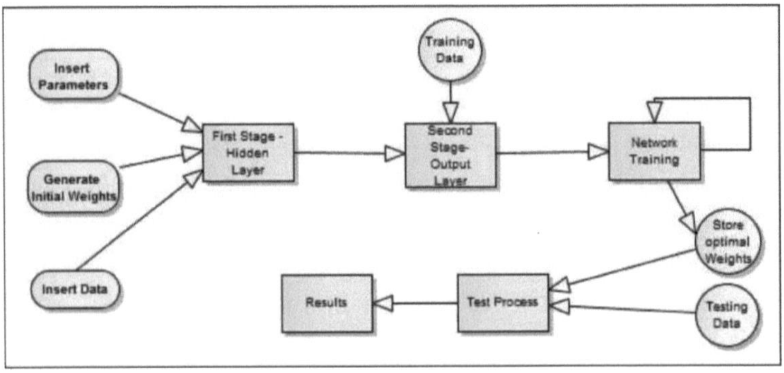

Fig.8 Diagrama de caixa da rede de função de base radial

D. O sistema pericial proposto para manter o Win 7

Os sistemas periciais são a segunda técnica inteligente aplicada no sistema proposto, sendo utilizados devido à capacidade que possuem de dar explicações e recomendações sobre o tipo de erro identificado a partir da rede neural. O motor de inferência é o núcleo do sistema pericial, sendo proposto um novo método para o motor de inferência em vez dos métodos antigos, uma vez que os métodos tradicionais utilizam o processo de pesquisa cega para localizar uma regra para o erro.

Os métodos tradicionais têm muitas desvantagens, tais como a complexidade do sistema, que é muito elevada, e o facto de demorarem muito tempo a encontrar a regra necessária. Estas desvantagens têm um impacto negativo no sistema e é por isso que se propõe um novo método para o motor de inferência.

O motor de inferência proposto utiliza conceitos de base de dados que têm a capacidade de aceder rápida e facilmente aos dados contidos na base de dados, o que reduz a complexidade do sistema e o tempo gasto no processo, aumentando assim a velocidade do sistema. Após a identificação do tipo de erro é gerada uma regra para o mesmo, a parte da condição da regra (IF) é o tipo de erro e a parte da conclusão (THEN) é um número, este número leva a linha relativa ao erro na base de dados de índice que consiste em células que contêm números, cada um é direcionado para uma linha na base de dados de recomendação.

O diagrama de caixa apresentado na fig.9 descreve a conceção do sistema pericial utilizado no sistema proposto e é composto por quatro fases: Motor de inferência, Motor de explicação, Geração de uma regra para o erro e Interface do utilizador).

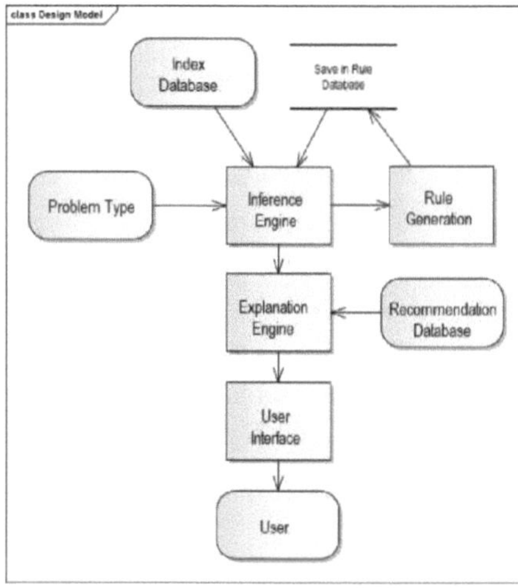

Fig.9 Diagrama de caixa do sistema pericial

Na primeira fase, o tipo de erro é introduzido no motor e estes dados são transferidos para a geração de regras para gerar uma regra para o erro, o que é feito na segunda fase; os dados são recuperados pelo motor de inferência, que é adquirido a partir da base de dados de índices apresentada na terceira fase; a recomendação resultante da terceira fase passa para a quarta fase, que representa a interface do utilizador a apresentar de forma compreensível aos utilizadores do sistema operativo Windows 7.

E. Acoplamento de módulos

As duas técnicas de inteligência artificial, as redes neuronais e os sistemas periciais, são combinadas para explorar as vantagens que oferecem e eliminar as desvantagens, o que dará origem a um sistema de inteligência híbrida robusto, sem falhas nem erros. O sistema proposto é constituído por módulos, razão pela qual é utilizado um acoplamento estreito. As bases de dados utilizadas no sistema não servem apenas para aceder aos dados, mas também para comunicar, partilhando o seu conteúdo.

A conceção da rede de funções de base radial e do sistema pericial está concluída, ambas as técnicas podem ser fundidas e a fase de conceção de

É possível criar um sistema de inteligência híbrido. A causa da sua combinação é que o sistema pericial pode lidar com dados incompletos, mas exige tempo e tem um desempenho baixo, porque precisa de fazer algumas perguntas ao utilizador e depois continuar o seu trabalho e assim sucessivamente até os dados estarem completos. Por conseguinte, a Rede Neuronal Artificial é combinada com este sistema, que tem a capacidade de lidar com este tipo de dados e o resultado é um dado completo sem qualquer ambiguidade. A fig.10 mostra o fluxograma do sistema de inteligência híbrida. Agora, o sistema está pronto para diagnosticar os problemas do Win 7 com um desempenho elevado. Além disso, o utilizador pode introduzir os sintomas e receber recomendações sobre a forma de os reparar ou corrigir utilizando os recursos do software.

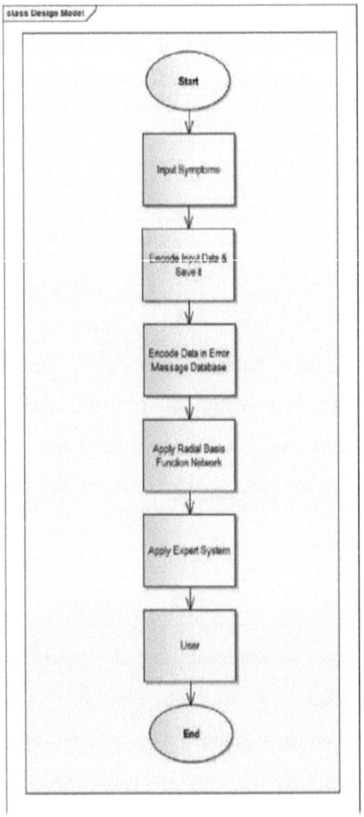

Fig.10 Fluxograma do sistema

6. Conceção da interface

As interfaces reflectem os procedimentos e as tarefas do sistema, pelo que o atributo de usabilidade deve ser elevado, ou seja, deve ser fácil e compreensível para o utilizador. O processo de conceção da interface é o último nível da conceção do sistema; as ferramentas de engenharia de software assistida por computador (ferramentas CASE) são aplicadas para efetuar a conceção utilizando uma das suas ferramentas, o Enterprise Architect (EA), que tem caraterísticas flexíveis na fase de conceção. São concebidas duas interfaces para o sistema: a interface principal, como mostra a figura 11, e uma interface secundária, como mostra a figura 12.

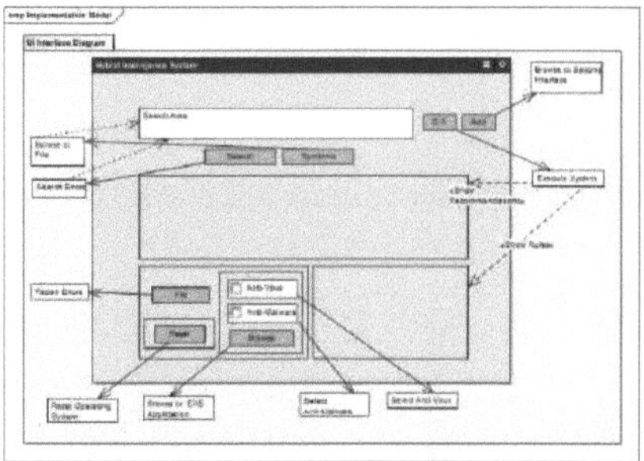

Fig.11 Conceção da interface principal

Durante a execução do Sistema de Inteligência Híbrida proposto (Resolução de Problemas do Windows 7) surge a interface principal do sistema como se pode ver na fig.13, esta interface é constituída por quatro áreas: Área de Pesquisa, Área de Extração de Regras, Área de Recomendações e Área de Ferramentas de Suporte referente ao botão Causa dos Problemas e ao botão Sair.

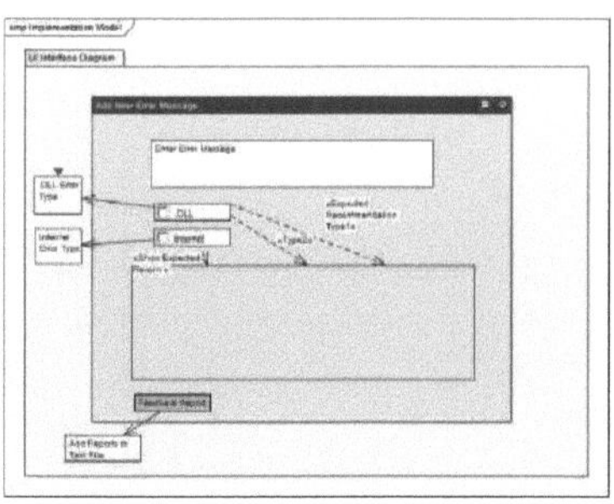

Fig.12 Conceção da interface secundária

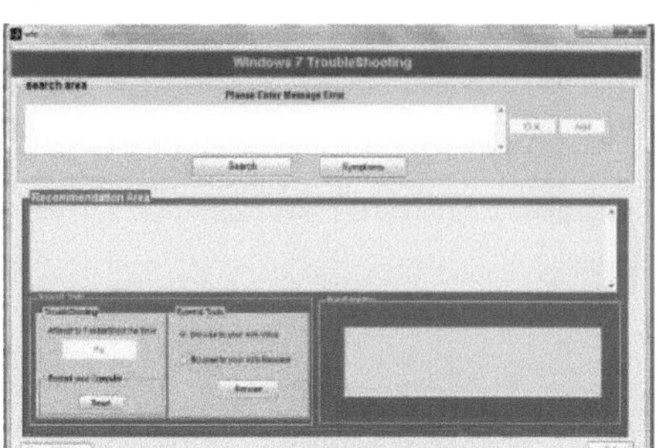

Fig.13 A interface principal

A área de pesquisa inclui o seguinte na fig.14:

1) TextBox, para introduzir os sintomas, está localizada no meio da área.

2) Botão de pesquisa, colocado por baixo da caixa de texto, ao clicar nele procura os sintomas contidos na base de dados de sintomas.

3) Botão O.K. colocado à direita.

4) Botão Adicionar, uma interface secundária mostrada ao utilizador aparecerá quando clicar nele.

5) O botão Symptoms (Sintomas) contém um ficheiro com todos os sintomas introduzidos na base de dados relacionada.

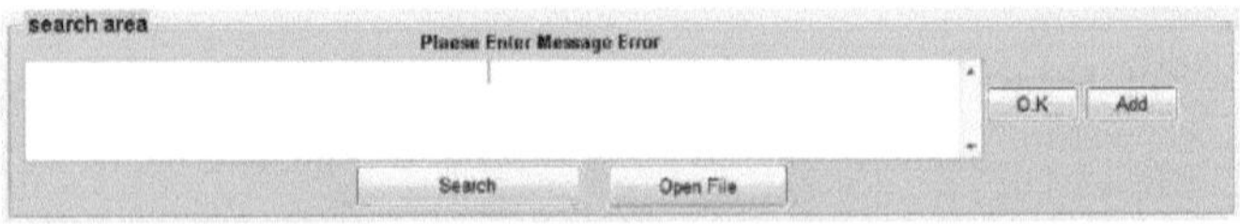

Fig.14 Área de pesquisa

Os sintomas a diagnosticar são introduzidos pelo utilizador na caixa de texto dedicada. Para tal, o utilizador pode inserir os sintomas escrevendo-os, copiando e colando ou clicando no botão de sintomas e selecionando o sintoma específico do ficheiro, como na fig.15.

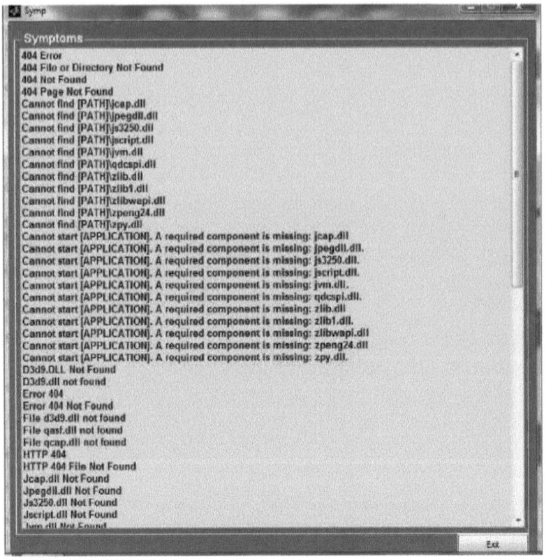

Fig.15 Ficheiro de sintomas

Agora, o utilizador clica no botão de pesquisa para encontrar os sintomas e para se certificar de que estão dentro das bases de dados do sistema; se estiverem, clica no botão OK para iniciar o processo de diagnóstico e, se não estiverem, o botão de adição é ativado e aparece a interface secundária, que será mencionada mais tarde.

A área de extração de regras inclui um espaço em branco onde se descarrega a regra extraída dos resultados da rede da função de base radial e se utiliza o sistema pericial para dar as recomendações, como se pode ver na fig.16.

Fig.16 Área de extração de regras

A área de recomendações destina-se a mostrar as recomendações relacionadas com o sistema e apresentadas sob a forma de texto, numa sequência de como corrigi-lo, como mostra a fig.17.

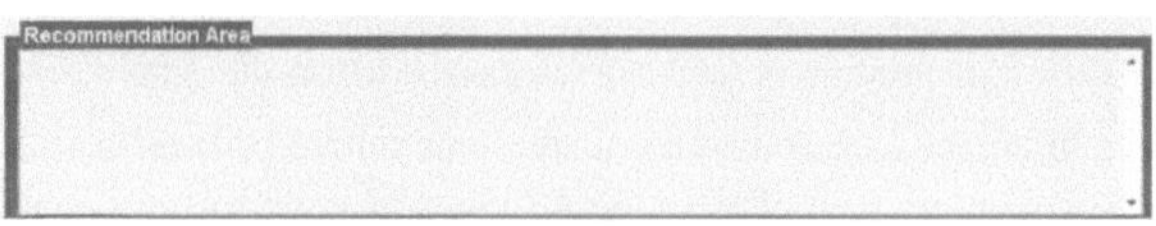

Fig.17 Área de recomendação

A área das ferramentas de apoio inclui dois campos, conforme ilustrado na fig.18:

A. Campo de ferramentas externas:

1) Botão de verificação de rádio, para selecionar o software Anti-Virus ou o Anti-Malware, localizado no canto superior esquerdo da área.

2) Botão Procurar, para procurar o Anti-Vírus ou Anti-Malware instalado no computador pessoal, este botão é colocado na parte inferior do campo.

B. Campo de resolução de problemas:

1) Botão Reiniciar, para reiniciar o sistema operativo Windows 7.

2) Botão de correção, para manter o problema introduzido no sistema.

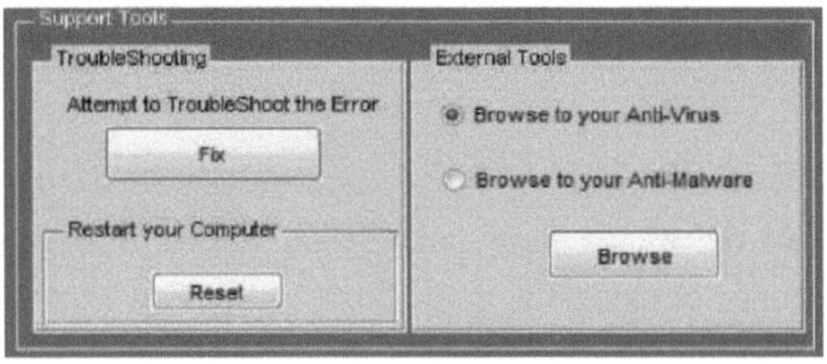

Fig.18 Ferramentas de apoio

O utilizador lê as recomendações e aplica-as de acordo com a respectiva sequência. Se a primeira recomendação for reiniciar o sistema operativo Windows 7, o utilizador carrega no botão de reiniciar para resolver o problema e verifica se foi resolvido. A segunda recomendação é aplicada quando o erro não é reparado; enquanto o sistema operativo estiver a ser verificado quanto à existência de vírus, o botão de verificação de rádio Anti-Virus será ativado e o utilizador clica no botão browse (procurar) para procurar o software instalado no computador pessoal, cuja extensão é (.EXE). Se o erro não for reparado, deve ser aplicada a terceira recomendação, que inclui a verificação do sistema operativo em busca de malware. Este processo é realizado da mesma forma que a aplicação da recomendação anterior, mas a única diferença é que o utilizador seleciona o botão de verificação de rádio Anti-Malware em vez do Anti-Virus. A quarta recomendação talvez inclua um processo de verificação de todos os registos dos sistemas protegidos e é feita executando (DOS) como administrador CMD e escrevendo a instrução (SFC/scannow), o que irá verificar e reparar os registos do sistema operativo Windows 7, se o erro ainda estiver presente, então será aplicada a recomendação seguinte e assim por diante.

O objetivo da conceção das ferramentas de suporte no software "Win7 Troubleshooting", tais como: Anti-Virus, Anti-Malware e botão de reinicialização, é facilitar ao máximo o processo de reparação para o utilizador, alcançar o atributo de usabilidade e torná-lo mais fácil.

De acordo com o botão de correção, este é ativado quando o problema pode ser resolvido utilizando o software "Win7 Troubleshooting" e o erro está relacionado com o tipo de erro (.DLL), tal como (mensagem de erro d3d9.dll), depois de clicar no botão de correção, o mecanismo após clicar nele é o software procurar uma pasta que contenha todos os ficheiros (.DLL) e quando o ficheiro específico for identificado, este será copiado e colado na pasta (System32) se o sistema operativo for (x86) ou na pasta (sysWOW64) se for (x64).

Os procedimentos de trabalho do software e das interfaces foram discutidos nas secções anteriores. Além disso, há alguns pormenores a explicar, como a causa dos problemas e os botões de saída.

1) O botão "Causa dos problemas" foi concebido para indicar ao utilizador do sistema operativo

Windows 7 a razão da ocorrência de problemas. Ao premir o botão, é apresentado um ficheiro com as causas de todos os problemas, que o utilizador pode ler para os evitar.

2) Botão Exit (Sair) para sair do software "Win7 Troubleshooting" (Resolução de problemas do Win7).

Como já foi referido, quando um utilizador clica no botão "Adicionar", aparece uma interface secundária, como mostra a figura 19, que inclui

1) Caixa de texto para os novos sintomas.

2) Dois botões da caixa de verificação: o primeiro é atribuído a erros (.DLL) e o outro a erros (Internet).

3) Espaço livre para mostrar as recomendações de correção previstas.

4) Botão Relatório de Feedback, ao premi-lo será criado um ficheiro (.PDF) que contém todos os novos sintomas introduzidos e as recomendações esperadas.

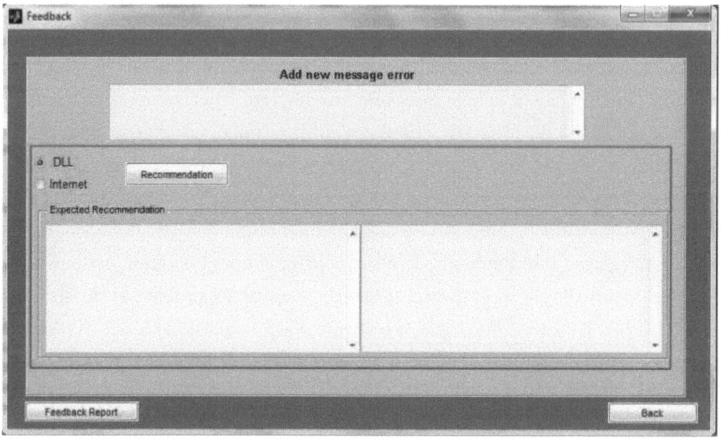

Fig.19 A interface secundária

O procedimento da segunda interface consiste em inserir os novos sintomas através da caixa de texto e, em seguida, selecionar o tipo de erro, se for (.DLL), aparecem dois tipos de recomendações esperadas para o utilizador ou selecionar a outra caixa de verificação, que é o tipo de erro (Internet).

7. RESULTADOS

Esta secção inclui a implementação prática do software "Win7 Troubleshooting" e os seus resultados. Trata-se de uma conclusão para a construção do software; os resultados são apresentados em dois níveis:

1) Resultados do treino da rede de funções de base radial. O treino da rede neural é uma fase

importante da conceção do software e é o primeiro processo de diagnóstico, cujos resultados dependem da sua precisão e da obtenção de pesos óptimos, como se mostra na Fig. (5-1), que declara a curva de treino da RBF utilizando o algoritmo de aprendizagem, uma das suas vantagens é que o processo de criação e o treino são feitos na mesma fase. Os resultados da RBFN são:

- Objetivo (0,000221557), Erro Quadrático Médio.
- 75 Épocas.
- Tempo decorrido (11,3887) s.

2) Nesta fase, o software foi testado utilizando dados selecionados aleatoriamente, um número de amostras de dados de (15) sintomas, como se mostra na tabela (5-1). Para mostrar os resultados da interface do utilizador (o ficheiro zlib.dll não encontrado) foi escolhido para ver a fig. (5-2). Depois de gerar a regra, são obtidas recomendações que diferem de um problema para outro (ver fig. (5-3) e (5-4)). As regras são extraídas através do software e representam uma conclusão das hibridações entre a RBFN e o sistema pericial proposto. A tabela (5-2) mostra as regras extraídas utilizando o "Win7 Troubleshooting".

8. Conclusão

Concluímos, através da análise, conceção e implementação do software "Win7 Troubleshooting" para diagnosticar mensagens de erro, alguns aspectos importantes, tais como: em primeiro lugar, a utilização do motor de inferência proposto num sistema pericial que depende de conceitos de bases de dados tem enormes vantagens, reduzindo a complexidade do sistema e aumentando a velocidade do processo, em vez de utilizar métodos cegos. Em segundo lugar, a aplicação do RBFN aumentou o processo de diagnóstico porque consiste numa camada oculta. Em terceiro lugar, a hibridação que funde a rede neural artificial com o sistema pericial deu resultados mais exactos. Em quarto lugar, o software consegue resolver os problemas do sistema operativo Windows 7 do tipo (.DLL). Em quinto lugar, o software pode diagnosticar todos os problemas e, além disso, tem a capacidade de acrescentar novos erros e dar as recomendações esperadas através do tratamento de bases de dados dinâmicas.

A conclusão a que chegámos é que o sistema operativo de fonte fechada é mais complexo e ambíguo para o utilizador, o que suscita a necessidade de conceber software que mantenha este tipo de sistemas operativos.

Referências

[1] Dhanunjaya Y. A. Reddy and Dilip Kumar Pratihar, (2011)," Neural networkbased expert systems for predictions of temperature distributions in electron beam welding process".

[2] Jasim, Yaser A., (2013), "Diagnosis Windows Problems Based on Hybrid Intelligence Systems", Journal of Engineering Science & Technology (JESTEC), Vol. 8, Issue 5, Pages 566-578, School of Engineering, Taylor's University, Malaysia.

[3] Kenneth McGarry, Stefan Wermter e John MacIntyre, (1999), "Hybrid Neural Systems: From

Simple Coupling to Fully Integrated Neural Networks", School of Computing, Engineering and Technology University of Sunderland.

[4] [4] Li Chunming e Hu Dawei, (2007), "A Fault Diagnosis Expert System Base on Artificial Neural Network for Mixed-Signal Circuits", Inner Mongolia University of Technology, College of Information Engineering, China.

[5] Lizhi Xiao and Dexiang Sun, (2010), "A Combined Method Based on Expert System and BP Neural Network for UAV Systems Fault Diagnosis", Dept. of Information Countermeasure, Aviation University of Air Force, Changchun, China, and Dept. of Training, Aviation University of Air Force, Changchun, China.

Capítulo 4

Proposta de abordagem para aplicar o Balanced Scorecard Verde no Iraque Ambiente

Harith A. Dawood, Thabit H. Thabit e Yaser A. Jasim[8]

Resumo:

A utilização das tecnologias da informação (TI) na elaboração de um Balanced Score Card (BSC) pode aumentar os níveis de poluição ambiental. Para mitigar as emissões nocivas resultantes da utilização de más técnicas, é necessário inventar um BSC que lide com a perspetiva da Tecnologia de Informação Verde (GIT). O Green Balanced Scorecard (GBSC) ajuda a organização a atingir os seus objectivos lucrativos sem prejudicar o ambiente nos dias de hoje ou no futuro. A avaliação do GBSC mede o desempenho da organização a partir de quatro eixos, com o objetivo de alcançar as funções essenciais, bem como a sustentabilidade do ambiente verde. Este estudo apresenta um modelo de GBSC que reduz as consequências para o ambiente. No entanto, a dependência do cartão tradicional aumentará, por sua vez, as emissões poluentes. O estudo sugere que a GBSC deve basear-se nos principais factores de GIT. Para além do motor opcional (sustentabilidade), a modificação dos eixos do BSC tradicional não se adapta ao ambiente iraquiano. De um modo geral, a abordagem GBSC proposta neste documento serve as organizações amigas do ambiente no cumprimento dos objectivos de lucros sem prejudicar o ambiente; por conseguinte, a sustentabilidade do ambiente iraquiano é alcançável.

Palavras-chave:

TI Verde, BSC Verde, Emissão Ambiental, Poluição Ambiental, Sustentabilidade.

1. Introdução

O termo Tecnologia da Informação (TI) é amplamente utilizado nas organizações, o que consome muitos recursos e produz resultados úteis e não úteis. Muitos investigadores definiram (TI) como "a tecnologia utilizada para criar, processar e armazenar dados e recebê-los pelos beneficiários" (Brown et al., 2009: 6). (Kristiansson, 2008) mencionou que a utilização desta tecnologia consome mais energia em todos os sectores. Por isso, sugeriu que se alterasse o método de utilização (TI) através da utilização de recursos de forma responsável, fornecendo técnicas de reciclagem e identificando novas técnicas, reduzindo os resultados inúteis, (Kristiansson, 2008: 15) de acordo com isto, é necessário mudar a orientação para uma tecnologia de informação ativa e eficiente para obter um elevado retorno com menos energia.

2. Tecnologias de informação ecológicas

O termo tecnologia da informação ecológica (TIE) refere-se a um estudo sobre a utilização de

---

[88] *A 2.ª Conferência Internacional sobre Ecologia, Ambiente e Energia (ICEEE 2015), Universidade de Ishik, Erbil, Iraque, 12 de abril de 2015*

computadores e recursos de tecnologia da informação de uma forma mais responsável e eficiente do ponto de vista ambiental (Kristiansson, 2008:19). Os computadores consomem recursos naturais, como as matérias-primas utilizadas para o seu fabrico, a energia utilizada para o seu funcionamento e as questões relacionadas com a sua eliminação após a sua conclusão.

A definição de GIT, de acordo com (Murugesan, 2010), é "trabalhar para melhorar a fase de conceção, produzir e utilizar sistemas de dispositivos de tecnologia da informação e o respetivo software e comunicações de uma forma ativa e eficiente, e utilizá-los como uma ferramenta na atividade comercial com um impacto mínimo no ambiente e melhorar a sustentabilidade" (Murugesan, 2010, 112).

A GIT aborda um conjunto alargado de melhorias nas tecnologias da informação utilizadas para reduzir o impacto ambiental da empresa, limitar o consumo de energia e melhorar as bases de dados e as ferramentas de comunicação, etc.

2.1. Drivers GIT:

Muitos investigadores referiram que a redução da poluição ambiental e das emissões de gases nocivos pode custar à organização um financiamento adicional. No entanto, nos últimos anos, muitas organizações conseguiram reduzir enormemente a poluição e obter um grande lucro em simultâneo (Broberg, 009: 14). A razão para este processo reside nos seis factores impulsionadores das tecnologias de informação ecológicas, que constituem a motivação para a implementação de tecnologias de informação ecológicas. A Figura 1 apresenta os seis factores básicos das tecnologias da informação ecológicas (TIE).

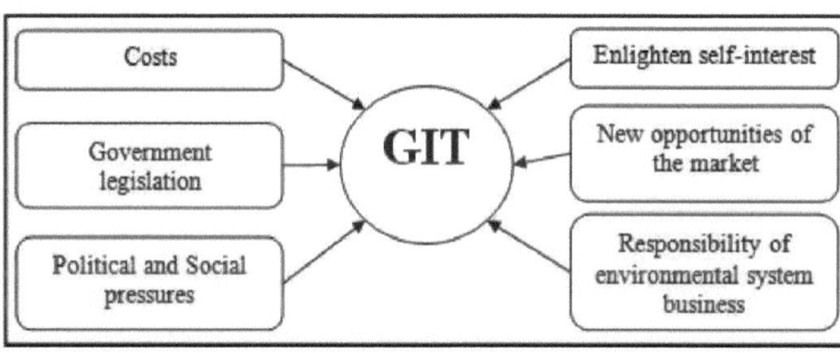

Fig. 1: Drivers GIT

Uma lista dos condutores de acordo com a figura 1:

1. Custos: O fator custo ajuda o GIT a ser conduzido de forma eficiente, assegura a eliminação de custos adicionais, poupa as fontes de perda e dissipação da organização através da implementação do GIT e aumenta a capacidade das organizações para limitar as etapas e práticas desnecessárias e dispendiosas (Unhelkar, 2011:56), tem também a capacidade de reduzir os instrumentos e as

máquinas que ocupam espaço e consomem muita energia através da utilização de técnicas de simulação virtual na base de dados (Nidumolu et al., 2009: 59). No entanto, é importante calcular os custos (GIT) que são utilizados em vez das tecnologias de informação tradicionais padrão e comparar o custo do resultado de ambos.

2. Legislação governamental: A legislação governamental aumentou o interesse pelas questões ambientais e impôs restrições às organizações para melhorarem as suas actividades ambientais e reduzirem as suas emissões nocivas (Murugesan, 2010: 112), sendo que alguns dos governos obrigaram as organizações a apresentar um relatório anual sobre as suas emissões nocivas. A legislação governamental é considerada um dos factores mais poderosos porque é emitida pela legislação governamental que deve ser cumprida, através da aplicação das GIT é mais simples avaliar a forma como a organização cumpre a legislação governamental e isso é feito através de iniciativas de rotulagem ambiental, que limitam o consumo de energia e a utilização de materiais químicos nocivos no fabrico de produtos, também incentiva o fabrico de produtos a partir de materiais recicláveis e a necessidade de sustentar os processos de fabrico da organização (Sveriges, 2012: 119).

3. Pressões políticas e sociais: Este impulsionador pode ser eficaz de acordo com a sociedade em que a organização se encontra (Unhelkar, 2011: 215), se a perspetiva da sociedade em relação ao ambiente for um fator importante para o sucesso da organização, então este impulsionador será um fator ativo para alterar a política da organização para seguir as GIT, aumentar a utilização dos seus recursos de forma eficiente, reduzir as suas emissões nocivas e dar à organização verde uma caraterística competitiva nos mercados (Earth Hour, 2012: 99).

4. Iluminar o interesse próprio: A necessidade pode vir da direção da organização para assumir o papel de boa sociedade do ambiente ou talvez por outras razões competitivas para ganhar uma caraterística que pode fazer com que pareça melhor para o consumidor em comparação com outros concorrentes (Lamb, 2009: *257*).

5. A responsabilidade do sistema ambiental empresarial: A colaboração das organizações entre si pode ser uma das razões que tornam a organização adequada ao meio ambiente e ao uso de GIT, portanto, a causa da responsabilidade do condutor do sistema ambiental de negócios. No entanto, quando se toma a decisão de melhorar os processos e os serviços da organização, limitando as emissões nocivas e reduzindo a utilização de recursos desnecessários, isso exerce pressão sobre os consumidores e os fornecedores para que melhorem os seus processos e os tornem mais amigos do ambiente (Unhelkar, 2011: 59), onde esta colaboração entre organizações comerciais inclui a utilização das melhores políticas ambientais, a

gestão do consumo de energia e a redução da utilização de materiais nocivos.

6. Novas oportunidades do mercado: As estratégias ecológicas são uma orientação inicial, portanto, é uma nova facilidade competitiva nos mercados, como é habitual quando uma nova oportunidade é criada nos mercados, surgirão muitas possibilidades de competição, o que exige que a organização seja a melhor neste campo e preserve o seu lugar no mercado, onde as novas oportunidades do mercado ajudam a integridade da utilização da GIT, o que ajuda a organização a colocar-se como uma organização pioneira (Lamb, 2009: 259). A GIT pode tornar a organização mais flexível na utilização de novas técnicas ambientais amigáveis, tais como a tecnologia da informação virtual e a computação em nuvem, que reduzem a necessidade de armazenamento físico para guardar dados e informações, reduzindo assim a perda de energia e as emissões nocivas resultantes da sua utilização.

Para além dos seis factores que apoiam as GIT, vários investigadores mencionaram que o fator de sustentabilidade é opcional e encoraja a adoção das GIT, sendo possível definir sustentabilidade como "os procedimentos que controlam a quantidade de recursos recentemente utilizados sem afetar os recursos futuros" (Nidumolu et al., 2009: 60). Uma vez que a organização sustentável é a organização que tenta eliminar as emissões nocivas e preserva o ambiente para as gerações recentes e futuras. Já alguns investigadores propuseram cinco passos para construir uma organização sustentável (Dunphy, 2011: 112), muitos deles confirmaram que o principal objetivo da implementação da sustentabilidade na organização é melhorar a forma da organização, na verdade também reduz os custos e cria novas oportunidades de mercado (Nidumolu et al., 2009: *115*) & (Dunphy, 2011:62).

2.2 Aplicações GIT

A organização ecológica tem três domínios principais que afectam o seu funcionamento e a forma como lida com os consumidores e os fornecedores. Estes domínios são (Unhelkar, 2011):

1. Processos verdes

2. Bases de dados ecológicas

3. Coligação Verde

O modelo representado na figura 2 permite classificar diferentes aplicações no GIT.

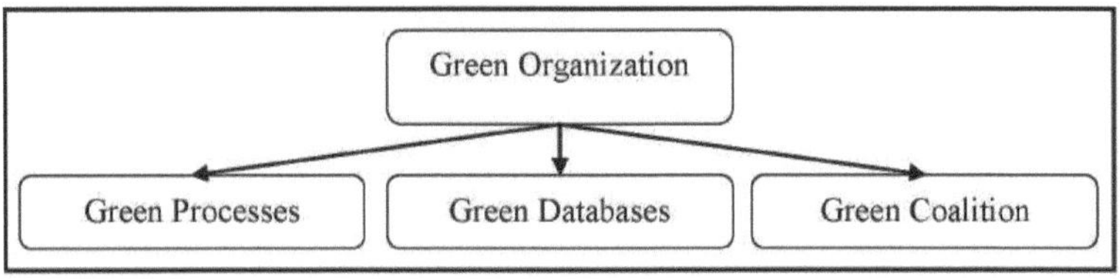

Fig. 2: Aplicações GIT

1) Processos ecológicos: os processos e as actividades que a organização realiza centrando-se em ideias ecológicas e na sensibilização ambiental, geralmente são reformulados a partir de processos tradicionais que restringem a redução das emissões nocivas e podem incluir actividades externas e internas da organização (Unhelkar , 2011 : 58), o conceito de processos ecológicos é para definir princípios e critérios para as actividades com vista a atingir objectivos ambientais, onde a Agência de Proteção Ambiental dos Estados Unidos (EPA) referiu que a utilização de GIT numa organização intermédia durante um ano poupará 60%-70% da energia utilizada para operar a tecnologia de informação tradicional, reduzindo assim as emissões de carbono que 5 milhões de veículos produzem (Unhelkar, 2011: 111). A tecnologia verde também inclui a reengenharia organizacional dos materiais utilizados para a produção e a reciclagem dos resíduos electrónicos (ewaste) (Unhelkar, 2011: 112), a criação de consciência incorpora a atualização e a melhoria dos processos verdes na organização pode ser feita através da tecnologia de informação tradicional, utilizando redes sociais, notas pessoais e simulação interactiva para comunicar com os consumidores, fornecedores e funcionários para distribuir a cultura do conhecimento verde.

2) Bases de dados ecológicas: a base de dados é um conjunto de servidores que armazena e processa dados do trabalho da organização, o que tem impacto no ambiente através da enorme energia que consome e do espaço que ocupa, pelo que é necessário obter as caraterísticas úteis do GIT para melhorar a simulação virtual e investir nos benefícios da computação em nuvem para reduzir o número de servidores utilizados na organização (Unhelkar, 2011: 115), uma vez que a utilização da energia solar e da ventilação natural e a sua disponibilização à base de dados podem reduzir as emissões nocivas (Nidumolu et al., 2009: 63). Além disso, a utilização da GIT pode investir na obtenção de incentivos fiscais ou de vantagens competitivas para atrair clientes que exigem serviços ecológicos.

3) Green Coalition : significa que este domínio é a capacidade das instituições de levar o processo de mudança para operações amigas do ambiente através da adoção de GIT (Nidumolu et al. (Nidumolu et al., 2009: 63), onde este domínio permite que os sindicatos e os consumidores apelem a organizações sérias para a preservação do ambiente, bem como acompanhem o progresso do trabalho da organização através dos protocolos e acordos internacionais que ligam todos os Estados a determinados controlos e planos específicos para reduzir as emissões nocivas, sendo exemplos destes protocolos os

Protocolos de Quioto, ISO 14001 e TCO (Nidumolu et al., 2009: 64).

3. Cartão de Pontuação Equilibrada

O Balanced Score Card (BSC) é uma ferramenta que fornece um quadro abrangente para que as partes interessadas traduzam a disposição e a estratégia das empresas num conjunto de medidas de desempenho de coesão (Thabit, 2013: 68), onde o BSC eficiente pode representar a relação de razão e o resultado de actividades recentes e o sucesso a longo prazo, tem uma ampla utilização em domínios como (Olve & Sjostrand, 2006: 1):

1) Aplicação ativa de novas estratégias: O BSC tem um efeito ativo na aplicação sistemática da estratégia das empresas através de procedimentos, objectivos e normas, pelo que é muito importante notar que a tarefa do cartão não é uma ajuda para novas estratégias, mas sim para aplicar as estratégias recentemente utilizadas na organização.

2) Continuidade da intenção estratégica: O BSC pode ajudar a alcançar os objectivos da organização a longo prazo, orientando o conhecimento, a atividade e a energia dos funcionários para investir as suas capacidades na forma de comunicar.

3) Monitorização das actividades estratégicas: O BSC é utilizado como uma ferramenta para verificar o avanço alcançado na implementação da estratégia e o tempo decorrido.

4) Desenvolvimento da cooperação externa: O BSC pode ser utilizado como um meio de iniciar uma relação lucrativa entre as duas partes e reforçar a cooperação no fornecimento e na procura de práticas comerciais comuns.

Desde que Norton e Kaplan introduziram o BSC (Kaplan & Norton , 1996 : 76), este é amplamente utilizado no controlo administrativo e no controlo de desempenho em todos os negócios, onde se verifica o equilíbrio entre as quatro perspectivas (Financeira, Processos Internos, Cliente e Crescimento), sendo que cada perspetiva contém quatro partes (Objectivos, Procedimentos, Medidas e Iniciativas), de modo a ser flexível à perspetiva da organização e capaz de compilar a sua estratégia e tarefas de uma melhor forma (Niven, 2007: *55*), deve associar cada procedimento a um objetivo de curto prazo que serve para identificar o avanço da meta principal da organização, e deve clarificar as Iniciativas que devem ser tomadas pelos gestores e descrever as normas que devem ser seguidas para atingir a meta, a figura *3* mostra o BSC tradicional.

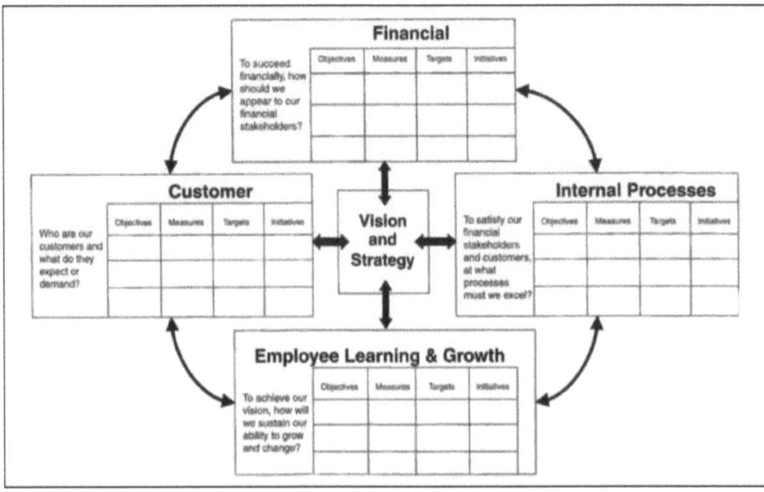

Fig. 3: BSC tradicional

3.1 Balanced Scorecard Verde

O objetivo deste documento é criar um BSC que, com a GIT, se adeqúe ao ambiente iraquiano. O resultado é que visa a GIT e as actividades de apoio à mesma, com o objetivo principal de melhorar o impacto ambiental da organização e reforçar a sustentabilidade.

O BSC tradicional inclui quatro perspectivas e, para garantir que estas são suficientes para definir um BSC, foi necessário efetuar uma comparação entre as perspectivas e os factores GIT mencionados anteriormente:

1. Perspetiva financeira: assegura um impacto positivo da perspetiva financeira através de investimentos estratégicos. De acordo com o GIT, o BSC mostra que o fator de custo é ativo porque se trata de reduzir os custos dos recursos através do investimento dos lucros financeiros do GIT para o investimento a longo prazo, em que o custo do investimento do GIT tem um rácio elevado no início, mas irá reduzir-se com o tempo.

   a organização assegura os retornos financeiros através dos investimentos GIT".

2. Perspetiva dos processos internos: inclui a melhoria e a reengenharia dos processos de negociação de acordo com a estratégia da organização. Esta perspetiva pode ser afetada pelas novas oportunidades do mercado e pela responsabilidade do sistema ambiental da empresa, reduzindo o consumo de recursos e limitando a utilização de

recursos informáticos em todos os processos de negociação para obter a ajuda do GIT, o que tornará a organização mais amiga do ambiente.

3. Perspetiva do cliente: identifica a perspetiva dos agentes e as suas necessidades em relação à organização, onde a relação entre o BSC e o GIT é Resumindo, a caraterística competitiva derivada das novas oportunidades do mercado pode ajudar a organização a aparecer melhor para os seus agentes, preservando assim os agentes e atraindo mais de outras organizações, e a responsabilidade do sistema ambiental do condutor de negócios poderia ter efeito na redução das exigências crescentes de TI, reduzindo assim o consumo de recursos e justificando a tarefa da perspetiva do cliente para se tornar "para alcançar a perspetiva da organização, como pode a organização aparecer na frente de seus agentes".

4. Perspetiva de crescimento: esta perspetiva mostra que a organização é capaz de responder às mudanças urgentes dos requisitos empresariais, o que confirma a comunicação direta com os impulsionadores do GIT através da legislação, da pressão social e da gestão de topo. Além disso, o impulsionador opcional, que é a sustentabilidade, pode ter um impacto ativo na associação do BSC e do GIT através da garantia de que não afectará as gerações futuras, pelo que podemos desenvolver a tarefa da perspetiva de crescimento como sendo "alcançar a visão de sustentabilidade da organização, como pode a organização melhorar e alterar a sua estratégia ambiental".

De uma forma geral, podemos dizer que as quatro perspectivas podem ser utilizadas para definir o GBSC, o que significa que as quatro perspectivas do BSC tradicional são suficientes para criar um GBSC sem a necessidade de recorrer a uma nova perspetiva que se preocupe com o ambiente, a figura 4 representa o GBSC.

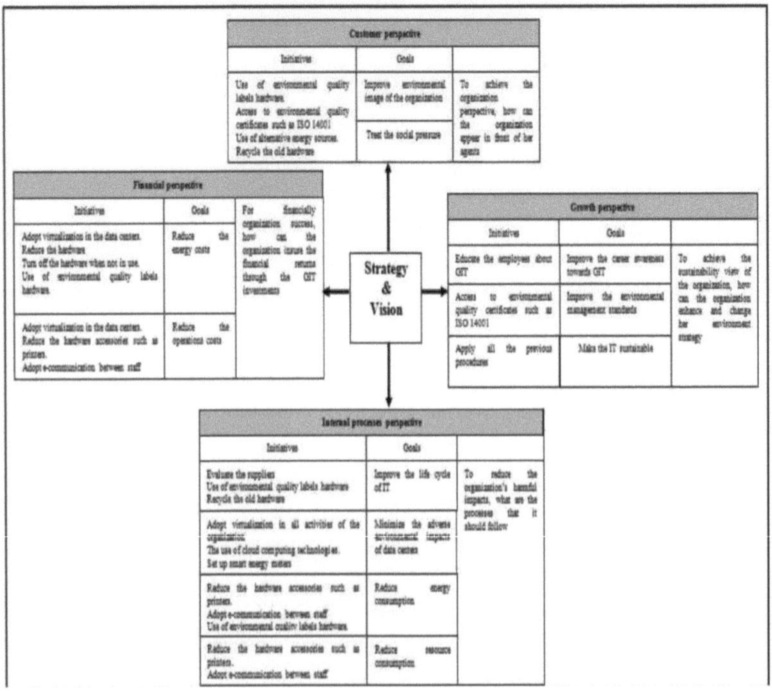

Fig. 4: GBSC

4. Conclusões

Os investigadores, através deste inquérito, podem constatar isso mesmo:

1) A aplicação da GIT no BSC pode tornar a organização mais ativa para aumentar os lucros e reduzir os impactos ambientais nocivos resultantes da utilização inconsciente dos recursos.

2) O BSC tem a capacidade de absorver o GIT de forma a ajudar a manter a sustentabilidade dos recursos e a preservar o ambiente do perigo de actividades insalubres para as organizações violadas.

3) A necessidade de promover a consciencialização ambiental junto dos clientes, fornecedores e empregados para sustentar o ambiente iraquiano e manter a cobertura verde para colocar as organizações iraquianas num nível elevado de organizações ambientais amigas do ambiente a nível mundial.

4) As quatro perspectivas do BSC são suficientes e satisfatórias para criar o GIT sem a necessidade de acrescentar uma nova perspetiva, sendo que o inquérito mostrou que é possível fazer alguns ajustes no BSC tradicional que se adequem ao GIT.

Referências

1. Broberg, E. (2009). Gron IT-Motiv, atgarder & tillvagagangssatt for hallbara IT-losningar. Suécia: Malardalens Hogskola.

2. Brown, C. V., DeHayes, D.W., Hoffer, J. A., Martin, E. W., & Perkins, W. C., (2009), "*Managing Information Technology*", 6th Ed, New Jersey, Pearson Education, Inc, USA.

3. Dunphy, D. (2011). Conceptualizing Sustainability: The Business Opportunity. Em G. Eweje & M. Perry (Ed.), Critical Studies on Corporate Responsibility, Governance and Sustainability (Vol. 3) (p. 3-24). Bingley, Reino Unido: Emerald Group Publishing Limited.

4. Hora do Planeta (2012, 1 de abril). A maior Hora do Planeta de sempre começa a viagem pelo mundo. Obtido em 10 de abril de 2012, de

5. Kaplan, R. S., & Norton, D. P. (1996a). Linking the balanced scorecard to strategy. California Management Review, 39(1), 53-79.

6. Kristiansson, E. (2008). Green IT-What does it take for Scania InfoMate to become a Green IT solution provider? Boras, Suécia: Hogskolan I Boras.

7. Lamb, J. (2009). The Greening of IT: How Companies Can Make A Difference For The Environment? Michigan, EUA: IBM Press/Pearson Plc.

8. Murugesan, S. (2010). Tornar as TI ecológicas. IT Professional, março/abril, 4-5.

9. Nidumolu R., Prahalad, C. K., & Rangaswami, M. R. (2009) Why Sustainability Is Now the Key Driver of Innovation. Harvard Business Review, 89 (9).

10. Niven, P. R. (2007) IT Performance Management Using the Balanced Scorecard. Em J. Stenzel (Ed.), CIO Best Practices: Enabling Strategic Value with Information Technology (pp. 185-221). Hoboken, N.J., EUA: J. Wiley & Sons.

11. Olve, N-G., & Sjostrand, A. (2006). Balanced Scorecard. West Sussex, Reino Unido: Capstone Publishing Ltd.

12. Sveriges Riksdag (2012). Miljobalk (1998:808). Recuperado em 26 de abril.

13. Thabit, Thabit H. (2013). "Adoção da lógica difusa para melhorar a qualidade da informação contabilística para operar o Balanced Scorecard - aplicado no Banco Mosul para o desenvolvimento e investimento na província de Nineveh", tese de mestrado em contabilidade, Universidade de Mosul, Mosul, Iraque.

14. Unhelkar, B. (2011a). Green IT Strategies and Applications -using environmental intelligence. Boka Raton, FL, EUA: Taylor and Francis Group, LLC.

15. Unhelkar, B. (2011b). Green IT -The Next Five Years (TI Verde - Os Próximos Cinco Anos). IEEE Computer Society, IT Pro.

Capítulo 5

Vantagens da estação de retransmissão para melhorar o sinal da rede

Khaled N. Yasen, Thabit H. Thabit e Yaser A. Jasim[9]

Resumo:

Este documento descreve os benefícios da estação de retransmissão para melhorar o sinal da rede em zonas rurais e os custos/benefícios da utilização da retransmissão, para além de analisar as actividades normalizadas do IEEE 802.16 neste domínio.

Os investigadores obtiveram muitos resultados neste trabalho, sendo o mais importante o facto de a adição da estação de retransmissão (rs) às redes IEEE 802.16 melhorar muitos aspectos das redes WiMAX. O primeiro é o facto de aumentar a capacidade do sistema, especialmente nas áreas sobrepostas (como na sombra de um grande edifício, no interior ou no subsolo) e nos locais onde a qualidade do sinal é fraca (suportando a reutilização espacial).

Palavras-chave:

Estação de retransmissão, IEEE 802.16, WiMAX, WiFi

1. Introdução

A atividade da comunidade WiMAX prossegue a bom ritmo: os produtos estão a chegar ao mercado, as redes estão a ser implantadas e as ofertas de serviços estão na sua fase inicial. A comunidade é um sector que continua a inovar de muitas maneiras, uma das quais é o desenvolvimento de novas normas para resolver problemas em aberto [6].

O maior interesse pelas comunicações sem fios em banda larga é uma consequência do rápido crescimento e da importância crescente das comunicações sem fios e dos serviços multimédia para os utilizadores finais. Nas zonas rurais, o acesso sem fios em banda larga (BWA) representa uma solução economicamente viável para fornecer acesso de última milha à Internet, graças à facilidade de implantação e ao baixo custo da sua arquitetura "leve". As actividades normalizadas para o BWA estão a ser desenvolvidas no âmbito do projeto IEEE 802, Grupo de Trabalho 16, frequentemente designado por 802.16. A norma IEEE 802.16 é também conhecida na imprensa especializada como Worldwide Interoperability for Microwave Access (WiMAX) [3].

Nas comunicações sem fios, as estações de retransmissão são utilizadas para retransmitir sinais de rádio entre estações de rádio que não podem comunicar diretamente entre si devido à atenuação do sinal [1].

---

[9] *Revista Internacional de Investigação em Educação e Ciência, 2015, Volume 02, Número 03, pp. 9-18*

A cooperação surgiu recentemente como um novo paradigma de rede que pode melhorar o desempenho das redes de comunicação sem fios a diferentes níveis. Por exemplo, para atenuar os efeitos de desvanecimento do canal sem fios, vários nós ou retransmissores podem cooperar com um determinado nó de origem na transmissão dos seus dados para um destino distante [5].

A secção 2 trata de trabalhos relacionados, a secção 3 trata de (IEEE 802.16 e WiMAX), a secção 4 trata das estações de retransmissão, a secção 5 descreve o sistema proposto e a secção 6 apresenta as conclusões.

2. TRABALHOS RELACIONADOS

D. Schultz et al. (2006): Os autores forneceram uma avaliação qualitativa do desempenho dos conceitos de implantação baseados em retransmissão em comparação com a implantação de um único ponto. Os resultados deste documento comprovam o pressuposto geral de que a implantação de nós de retransmissão (RN) constitui uma grande oportunidade para reduzir substancialmente o custo de implantação da rede. Mostra-se como os nós de retransmissão de baixa potência têm de ser aplicados em cenários celulares com estações de base de alta potência (BS) e que benefícios em termos de custos podem ser esperados. Os resultados qualitativos mostram que os retransmissores de baixa potência têm efetivamente potencial para diminuir o custo de implantação. Além disso, é demonstrado que a paralelização da ligação de retransmissão entre os RNs e a BS servidora ajudará a melhorar a eficiência económica do conceito de implantação baseado em retransmissão.

Kai Dietze et al. (2007): Este artigo analisou os factores que afectam a interferência e a capacidade do canal num sistema WiMAX. Conforme discutido neste manuscrito, a análise de interferência de ligação ascendente e descendente tem de ser abordada e analisada de forma diferente. A capacidade do sistema depende da distribuição dos utilizadores na área de serviço, bem como do tipo de serviço solicitado. Em sistemas que utilizam modulação adaptativa, como o802.16, a capacidade é também uma função do rácio C/I, uma vez que ordens de modulação mais elevadas podem alcançar eficiências espectrais mais elevadas. O planeamento dos canais e, se necessário, dos subcanais também tem um efeito na taxa de dados que pode ser suportada por unidade de largura de banda.

H. A. Ahmed et al. (2010): Os autores desenvolveram um modelo analítico para obter o número esperado de colisões da técnica OFDMA em sistema de retransmissão multi-hop móvel, No modelo analítico, é feito o cálculo do número esperado de colisões resultantes do uso simultâneo de subportadoras em diferentes estações retransmissoras não transparentes, em seguida, para diferentes números de RSs interferentes, Para diferentes números de RSs interferentes, obtivemos a probabilidade de perda de símbolos em função da SNR requerida, bem como calculámos a probabilidade média de perda de símbolos no sistema, e obtivemos a proporção de símbolos com SNR degradada, além disso, calculámos a proporção média de símbolos com SNR degradada (Signal and Noise Ration) quando existem duas classes de serviço (voz e dados) e mostrámos que a degradação da SNR se torna mais frequente à medida que mais chamadas chegam ao sistema. Finalmente, mostrámos que a taxa de colisão aumenta à medida que o número de chamadas aumenta.

3. IEEE 802.16 E WIMAX

Em meados da década de 1990, nos Estados Unidos da América, os operadores privados começaram a oferecer Internet de banda larga sem fios aos seus clientes com base em tecnologias próprias. Estes esforços consolidaram-se em duas tecnologias principais, nomeadamente o Sistema de Distribuição Multiponto Local (LMDS) e o Sistema de Distribuição Multiponto Multi-Canal (MMDS) [3].

A interoperabilidade mundial para o acesso por micro-ondas (WiMAX), baseada nas normas 802.16 do Instituto de Engenharia Eléctrica e Eletrónica (IEEE), permite o acesso em banda larga sem fios em qualquer lugar a qualquer momento e em praticamente qualquer dispositivo [4].

Numa rede IEEE 802.16j, a estação de base (BS) é a entidade que controla a atribuição de recursos, tanto no uplink como no downlink, às estações móveis (MSs) [Joint]. A norma IEEE 802.16, frequentemente designada por WiMAX, é considerada uma alternativa de acesso sem fios de banda larga de "última milha" à Internet convencional por DSL e cabo [8].

O IEEE 802.16j tem potencial para fornecer redes de maior capacidade a um custo inferior ao das tecnologias de acesso sem fios de salto único mais convencionais. Isto é atrativo para os operadores de rede. A literatura anterior mostrou os ganhos de capacidade que podem ser obtidos pelo sistema, mas as abordagens de planeamento para esses sistemas têm recebido pouca atenção [7].

A MAN sem fios, tal como definida na norma IEEE 802.16, fornece acesso de banda larga sem fios em qualquer lugar, a qualquer hora e em praticamente qualquer dispositivo. Trata-se de uma tecnologia de acesso que promete elevados débitos de dados e uma ampla cobertura a baixo custo. Também permite o acesso móvel em banda larga.

Para promover a compatibilidade e a interoperabilidade entre os sistemas BWA baseados no IEEE 802.16, o Fórum WiMAX R, um consórcio sem fins lucrativos liderado pela indústria, definiu o WiMAX (Worldwide Interoperability for Microwave Access). O WiMAX é um subconjunto próprio das normas IEEE 802.16 [3].

O WiMAX é uma tecnologia ideal para aplicações de backhaul porque elimina a alternativa dispendiosa da linha alugada ou da fibra. Pode fornecer acesso em banda larga a locais em zonas rurais e em desenvolvimento em todo o mundo, onde a banda larga não está atualmente disponível [4].

O grupo de empresas que apoia o desenvolvimento da família de normas IEEE 802.16, comercialmente conhecida como WiMAX, é membro do Fórum WiMAX [7].

O WiMAX foi apelidado de "WiFi com esteróides" e "Grande esperança sem fios". Neste documento, os termos IEEE 802.16 e WiMAX são utilizados indistintamente, embora não sejam exatamente os mesmos, como já foi referido. Há muitos desafios que têm de ser ultrapassados para uma implantação bem sucedida das redes WiMAX. A WiMAX é considerada uma tecnologia disruptiva, dado que tem potencial para alterar o atual panorama das telecomunicações. Além disso, a WiMAX poderá enfrentar a concorrência das tecnologias 3G, como a 3GPP e a 3GPP2, e da implantação à escala metropolitana de redes WiFi [3].

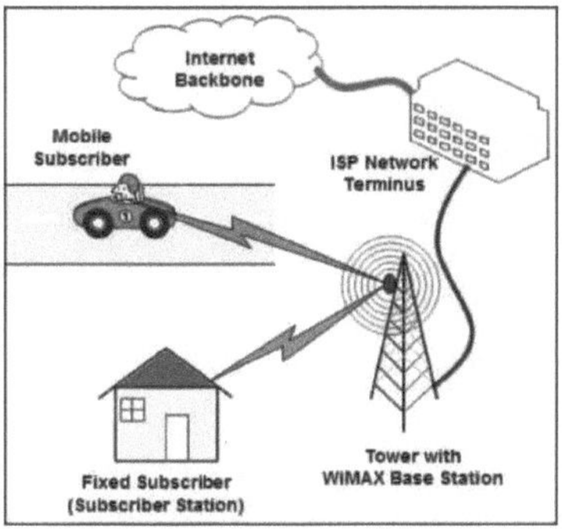

Fig. 1. Funcionamento do WiMAX

WiMAX é um termo cunhado para descrever a implementação normalizada e interoperável das redes sem fios IEEE 802.16, de forma semelhante à interoperabilidade das normas WLAN 802.11 do Wi-Fi. No entanto, o funcionamento do WiMAX é muito diferente do Wi-Fi. A arquitetura da rede consiste numa estação de base no centro da cidade, com a estação de base a comunicar com todos os assinantes ou pontos de acesso. Cada sector pode fornecer conetividade de banda larga a dezenas de empresas e centenas de casas. Os vários parâmetros da norma IEEE 802.16 no WiMAX estão relacionados com as camadas MAC e PHY [4].

Agora, cada rede tem as suas próprias caraterísticas, por isso, vamos discutir as caraterísticas do WiMAX:

No quadro 1, podemos ver uma lista das caraterísticas mais importantes do WiMAX do ponto de vista operacional. O débito de dados de 70 Mbps que o WiMAX proporciona pode ser partilhado entre vários assinantes. Embora as normas IEEE 802.16 permitam todas as frequências entre 1 e 66 GHz, as normas WiMAX, para promover a compatibilidade e a interoperabilidade entre dispositivos fabricados por diferentes fornecedores, restringem a utilização do espetro às gamas de frequências mencionadas na tabela 1. Os tipos de acesso fixo e móvel são idênticos aos apresentados. No acesso nómada/portátil, ao contrário dos tipos de acesso fixo e móvel, um assinante pode deslocar-se de um local para outro (como um nómada), mas o seu acesso WiMAX será feito a partir de um único local. Ou seja, um assinante está associado a uma determinada estação de base para cada sessão de acesso à Internet, mas cada sessão de acesso à Internet pode ser feita a partir de um local diferente.

O modo de funcionamento ponto-a-multiponto (PMP) é utilizado para a comunicação entre uma estação de base e várias estações de assinante; o modo de funcionamento ponto-a-ponto (PTP) é utilizado para a comunicação entre duas estações de base (para fins de backhaul). No modo de funcionamento em malha, as estações de assinantes ligam-se umas às outras para formar uma topologia em malha. Este modo é útil quando uma determinada estação de assinante não se encontra nas proximidades de uma de base (ou de uma estação retransmissora), mas pode chegar a uma estação de base através de outra estação de assinante.

QUADRO I. CARATERÍSTICAS **do WIMAX**

Property	Value
Range	50 km (LOS), 6-8 km (NLOS)
Data Rate	70 Mbps (shared)
Spectrum	2.3 – 2.7 GHz, 3.4– 3.6 GHz, 5.8 GHz
Access Type	Fixed / Mobile
Modes of operations	PMP(point to multipoint), Mesh
Channel size	1.5 MHz to 20 MHz (flexible)
Spectral Efficiency	3.7 (bit/s) Hz (for 802.16 – 2004)

O WiMAX foi concebido para suportar muitos tipos de ligações de banda larga sem fios, incluindo, mas não exclusivamente, as seguintes: MAN de elevada largura de banda, backhaul celular, backhaul de hotspots Wi-Fi agrupados, banda larga de última milha, substituição de telemóveis e outras aplicações diversas, como caixas automáticas (ATM), dados e voz veiculares, aplicações de segurança e VoIP sem fios. Atualmente, sempre que disponíveis, estas aplicações utilizam métodos proprietários e dispendiosos para o acesso em banda larga figura 2 [3].

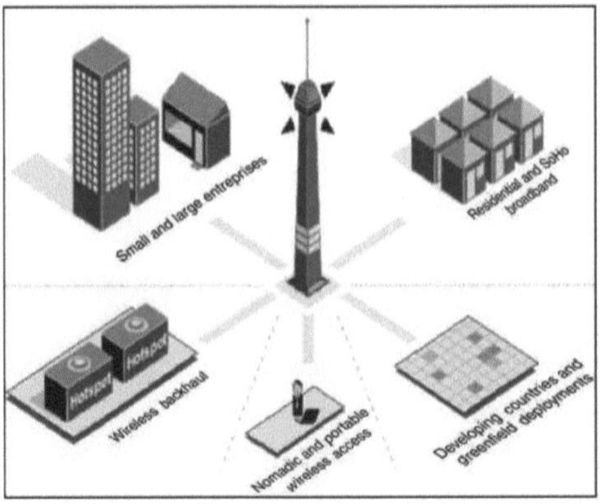

Fig. 2. Aplicações WiMAX

O WiMAX foi desenvolvido para fornecer BWA flexível, de baixo custo e de alta qualidade, utilizando equipamento certificado, compatível e interoperável de vários fornecedores. Como o WiMAX se baseia em sistemas testados em termos de interoperabilidade que foram construídos utilizando soluções de silício baseadas na norma IEEE 802.16, o WiMAX reduzirá os custos. O WiMAX está bem colocado para enfrentar os desafios associados aos tipos tradicionais de implantação de acesso com fios, tais como:

1) acesso com cobertura em grande área, cobrindo uma grande área (também designada por zonas quentes) em torno da estação de base e fornecendo acesso a clientes 802.16 REV E utilizando uma topologia ponto-a-multiponto;

2) acesso de última milha, que liga os assinantes residenciais ou comerciais à estação de base através de uma topologia ponto-a-multiponto;

3) Backhaul, que liga os sítios de assinantes agregados entre si e às estações de base através de longas distâncias, utilizando uma topologia ponto-a-ponto.

4. Estações de retransmissão

Uma estação de retransmissão (RS) é uma estação intermédia que transmite dados entre a estação de base (BS) e a estação de assinante (SS).

O conceito de retransmissão teve origem na teoria da informação num artigo intitulado "Capacity theorems for the relay channel" (Teoremas de capacidade para o canal de retransmissão) de T Cover e AE Gamal em 1979, que consideraram um canal de retransmissão juntamente com o canal principal, em que um retransmissor actua como um nó auxiliar na transmissão de bits de informação. Foi encontrado um limite superior para a capacidade deste canal. Além disso, a capacidade foi encontrada para o caso de um canal de retransmissão degradado [3].

Uma dessas iniciativas que está a suscitar muito interesse neste momento é o desenvolvimento da norma de retransmissão multi-hop 802.16j. Esta norma está a ser desenvolvida para proporcionar uma cobertura de baixo custo nas fases iniciais da implantação da rede e uma maior capacidade quando houver uma maior utilização da rede. Um pressuposto fundamental deste trabalho é que os retransmissores podem ser desenvolvidos a um custo significativamente mais baixo do que as estações de base (BSs) [6].

A utilidade desse nó auxiliar não foi percebida na prática até recentemente, quando alguns problemas práticos tiveram uma solução baseada nesse conceito de retransmissão. Vejamos alguns desses problemas típicos do WiMAX.

1) Limitação da cobertura devido ao baixo rácio sinal/ruído (SNR) nas extremidades das células, devido à atenuação significativa do sinal causada pelo funcionamento no espetro elevado.

2) Má receção do sinal devido a buracos na cobertura

3) Custo mais elevado do aumento do número de estações de base

Os RS são classificados em duas categorias: modo não transparente e modo transparente. Um RS não transparente funciona como uma BS para SSs conectados, ou seja, o RS transmite mensagens de gestão e encaminha tráfego de dados, enquanto um RS transparente encaminha apenas tráfego de dados de e para SSs com base nas informações de atribuição de frequências obtidas da BS. Assim, os retransmissores transparentes têm de utilizar um modo de programação centralizado. Além disso, a principal diferença entre os dois modos é o facto de a reutilização de frequências não ser permitida no modo transparente. Por conseguinte, os retransmissores transparentes são adequados para melhorar o débito, enquanto os retransmissores não transparentes são adequados para alargar a cobertura. Consideramos a colocação de RSs transparentes que maximizam a capacidade da célula [8].

O problema da colocação de estações de retransmissão pode ser encontrado em diferentes cenários de aplicação, como as redes de sensores sem fios, as redes locais sem fios e as redes IEEE 802.16j, que consideram a colocação de um determinado número de estações de retransmissão numa célula WLAN de taxa múltipla com uma determinada distribuição de EM. Este problema é então formulado como um problema de otimização e resolvido por um algoritmo iterativo baseado no relaxamento Lagrangiano, partindo do pressuposto de que a distribuição de MS é uniforme. Os resultados mostram que a melhor estratégia é ter múltiplas estruturas em anel de RSs distribuídas uniformemente na célula, sob o pressuposto do modo de retransmissão dupla numa rede IEEE 802.16j com tráfego uniformemente distribuído, o

A colocação de RS numa única célula é formulada como um problema de minimização de custos. É proposta uma heurística para resolver este problema [2].

Como qualquer desenvolvimento tecnológico, existe sempre uma vantagem para a sua utilização, pelo que a seguir as mencionamos:

1) Melhoria do débito (taxa de dados): Isto pode ser conseguido através do fornecimento de um rácio sinal/interferência mais ruído (SINR) uniforme mais elevado aos utilizadores dentro da cobertura da célula. Por outras palavras, a RS pode fornecer um débito mais elevado a cada SS dentro da cobertura da célula, utilizando débitos de dados mais elevados.

2) Aumento da capacidade: A capacidade do sistema pode ser aumentada permitindo capacidades agressivas de reutilização de frequências dos RS na célula BS e melhorando o SINR onde este é limitado. Assim, os RS são implantados para aumentar a capacidade do sistema em regiões de carga elevada dentro da célula BS. Os RS podem ser implantados individualmente ou em grupos em torno do perímetro da célula BS, consoante a capacidade necessária.

3) Redução dos custos de implantação: Os ISP podem utilizar os RS para implantar serviços de banda larga sem fios numa vasta área de cobertura e em zonas densamente povoadas. Os RS permitirão a extensão da cobertura e a melhoria da capacidade do sistema, o que, por sua vez, aumentará a capacidade do sistema a um custo inferior ao da utilização de mais de um BS dispendioso.

4) Não é necessário fazer backhaul.

5) Simplicidade.

6) Utilização de uma antena omnidirecional (360 graus).

5. O SISTEMA PROPOSTO

A. Trabalho

O objetivo desta dissertação é aumentar a capacidade da rede nos locais em que o sinal é fraco para o assinante, bem como aumentar a taxa de dados para uma longa distância na rede IEEE 802.16. Isto pode ser feito adicionando a estação de retransmissão à rede IEEE 802.16 como mostra a figura 3.

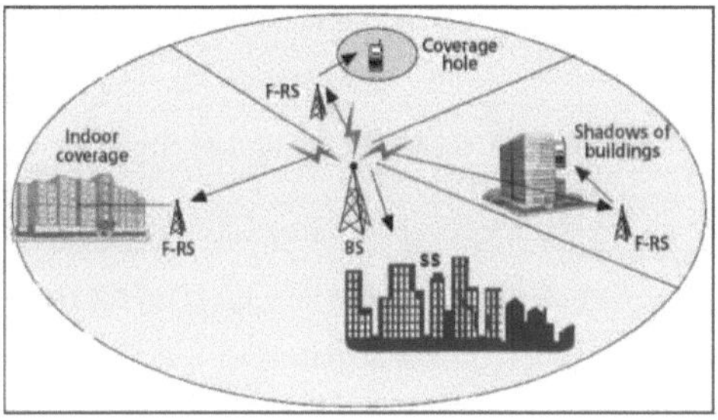

Fig. 3. Rede IEEE 802.16 com RS

1) Geralmente, a estação de retransmissão é uma estação intermédia que passa os dados entre a BS e a SS.

2) A implantação do RS melhora a capacidade em áreas onde a capacidade da ligação direta entre a BS e a SS é baixa; tais como as áreas nas sombras de grandes objectos como edifícios altos, dentro dos próprios edifícios ou no subsolo.

O RS aqui é chamado de amplificação e encaminhamento (AF) que usa como um repetidor para amplificar e encaminhar o sinal (dados) apenas sem o sinal de controlo e mapas (o atraso de processamento é baixo). Para isso, aumentará a capacidade.

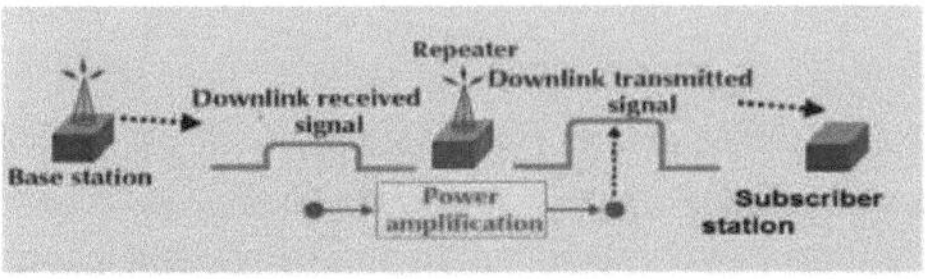

Fig. 4. Estação de retransmissão AF

3) Uma estação de retransmissão (RS) dividirá cada subquadro em duas zonas:

1. Zonas de acesso.

2. Zonas de relé.

Para comunicar entre a BS e a SS diretamente ou através do RS, como mostra a figura 5.

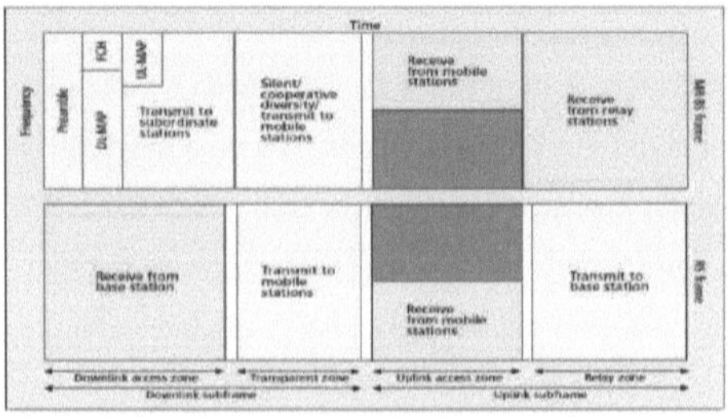

Fig. 5. Modificação da camada física

4) A BS determina qual o caminho que irá selecionar (transmissão do pacote), quer seja o caminho direto a partir da BS (BS ÷ SS) ou através do RS (BS ÷ RS ÷ SS), dependendo da comparação da eficiência da rota do pacote de cada caminho da origem ao destino.

5) Utilizamos o ambiente LOS/NLOS Entre a BS e a SS utilizamos a linha de vista, e entre a RS e a SS utilizamos a não linha de vista.

6) A estação de retransmissão aumentará a taxa de dados do sistema, proporcionando uma melhor SINR (relação sinal/interface e ruído)

(SINR= PG/I+N)

***P**: potência de transmissão*

***G**: ganho do sinal.*

***I**: interferências entre múltiplos SS*

***N**: ruído térmico*

B. Requisitos de software

O termo simulação é definido como a "reprodução das caraterísticas essenciais de algo como auxílio à formação ou ao estudo". Em termos comuns, podemos também dizer que o processo de construção do modelo de simulação para resolver o problema do sistema é designado por simulação. Este tipo de processo é utilizado repetidamente para reproduzir as caraterísticas relacionadas com o trabalho complexo. Para a simulação dos vários tipos de redes, como as redes MANET e as redes IP móveis, existem vários simuladores disponíveis, tanto comerciais como gratuitos, como o OPNET, o NS2, o Qualnet, etc. Na secção seguinte, são apresentados os resumos de todas estas redes com as suas vantagens e desvantagens e, em seguida, é finalizado o que é viável de acordo com o nosso trabalho. Neste caso, utilizámos o NS2 para os resultados da simulação.

O NS2 não é mais do que o simulador de rede com a versão 2, especialmente concebido para a simulação de vários tipos de redes. O NS2 é também designado por simulador de eventos discretos para os investigadores de redes. O NS2 fornece simulações, bem como suportes ao nível da investigação, para as redes, como as redes sem fios, as redes com fios, as redes de sensores sem fios, etc., utilizando os vários tipos de padrões de comunicação, como UDP, TCP, IP, CBR, etc. O NS2 está dividido em duas partes: o NS e o NAM. NS significa o simulador de rede que é utilizado para simular todos os tipos de protocolos de rede utilizando o guião de configuração TCL. Já o NAM, que significa a ferramenta Network Animator, é utilizado para visualizar os resultados da simulação sob a forma de padrões de comunicação em tempo real.

C. Ferramentas de simulação de comparação

Não se chegou a nenhuma conclusão sobre a seleção do simulador de rede mais preciso em comparação com os outros. Embora os investigadores tenham efectuado vários tipos de estudos para determinar a exatidão destes simuladores de rede, ninguém chegou à conclusão de qual deles é o mais exato para utilizar.

Ainda assim, temos de escolher uma das ferramentas de simulação acima referidas para a simulação da nossa investigação e tudo o mais. Escolheremos o simulador em função da disponibilidade, da flexibilidade e dos tipos de serviços que o simulador nos fornecerá. De acordo com os conhecimentos adquiridos com o estudo destes três simuladores de rede, o quadro seguinte apresenta as suas comparações em termos de disponibilidade, suporte da linguagem de programação, etc.

QUADRO II. Estudo comparativo dos simuladores de rede

	Free	Open Source	Programming Lang.
NS-2	Yes	Yes	C++, TCL
GloMoSim	Limited	Yes	Parse
Opnet	No	No	C

D. Resultados

1) Parâmetros de desempenho

Simulamos nossa dissertação no Network Simulator versão 2 (NS-2) para as redes IEEE 802.16 em dois cenários, um com as estações retransmissoras (RSs), e outro sem a estação retransmissora (RS). Em seguida, fizemos a comparação entre eles nesses parâmetros de rede:

1. Débito médio: é definido como a quantidade de dados selecionados para transmissão

por um utilizador por unidade de tempo. O débito é normalmente medido em bits por segundo (bit/s ou bps) e, por vezes, em pacotes de dados por segundo ou pacotes de dados por faixa horária.

2. Jitter: é definido como o desvio indesejável da verdadeira periodicidade de um sinal presumivelmente periódico em eletrónica e telecomunicações, frequentemente em relação a uma fonte de relógio de referência . É um fator indesejável na conceção de quase todas as ligações de comunicações ou é uma variação indesejável de uma ou mais caraterísticas do sinal.

Simulámos a nossa dissertação em (NS-2) para a rede IEEE 802.16 sem estação de retransmissão (RS), utilizando uma estação de base (BS) e duas estações de subscritores (SSs), enquanto que durante a estação de retransmissão (TRS), utilizámos uma estação de base (BS), duas estações de subscritores (SSs) e duas estações de retransmissão (RSs).

Considerámos a rede IEEE 802.16 para comparação com as seguintes configurações de rede, que são comuns nas nossas redes WiMAX:

1) Fila de espera máxima da interface de pacotes: 50

2) Número de nós: 3 (1BS- 2SS)

3) Protocolos de encaminhamento: AODV

4) Dimensão da rede: X= 250 e Y=250

5) Algoritmo: podemos definir TRS ou sem RS.

A. Sem RS:

1. Produtividade

A figura 6 mostra a taxa de transferência dos bits recebidos no caso da rede sem RS.

A partir da figura, podemos ver que o débito aumentará até atingir aproximadamente 8,2 Mbps (débito máximo) e depois diminuirá, isto na rede WiMAX sem utilizar as estações de retransmissão.

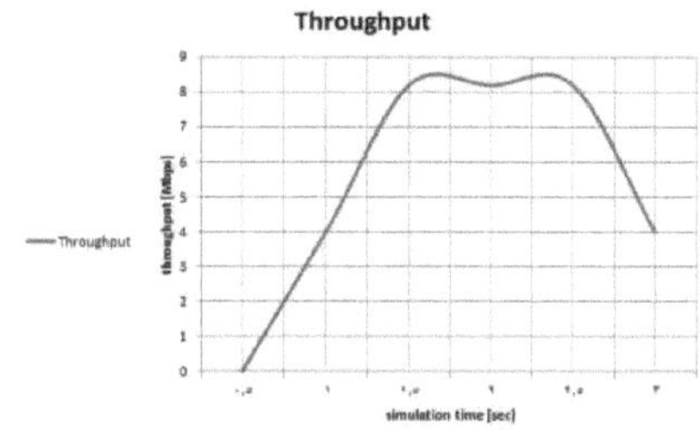

Fig. 6. Taxa de transferência (sem RS)

2. Jitter

A figura 7 mostra os resultados do jitter no caso da rede sem estação de retransmissão (RS). E podemos ver na figura que o jitter está a aumentar gradualmente até atingir o valor de (0,03 seg.), e depois fica estável. Como já foi dito, o jitter é um fator indesejável na conceção de quase todas as ligações de comunicações, ou seja, é uma variação indesejável de uma ou mais caraterísticas do sinal.

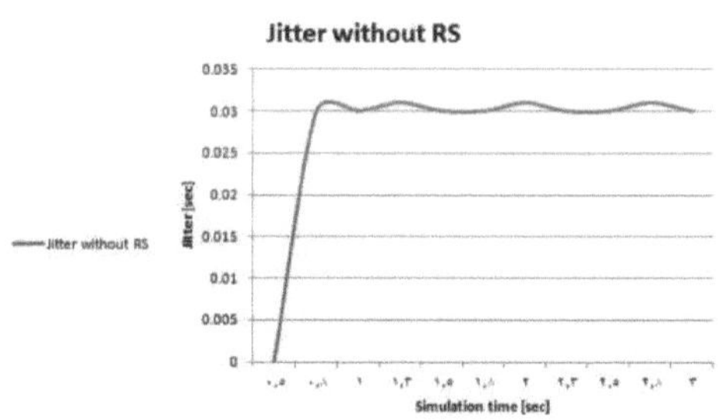

Fig. 7. Jitter (sem RS)

B. TRS

Estes são os gráficos quando se utiliza o conceito TRS (Through Relay Station) nas redes WiMAX e, em seguida, podemos comparar o seu desempenho com o da rede WiMAX sem utilizar a estação de retransmissão (RS):

1. Produtividade

A partir da figura 8, podemos ver que o débito aumentará até atingir aproximadamente 10 Mbps (débito máximo) e depois diminuirá, o que se verifica no caso da utilização da estação de retransmissão nas redes WiMAX.

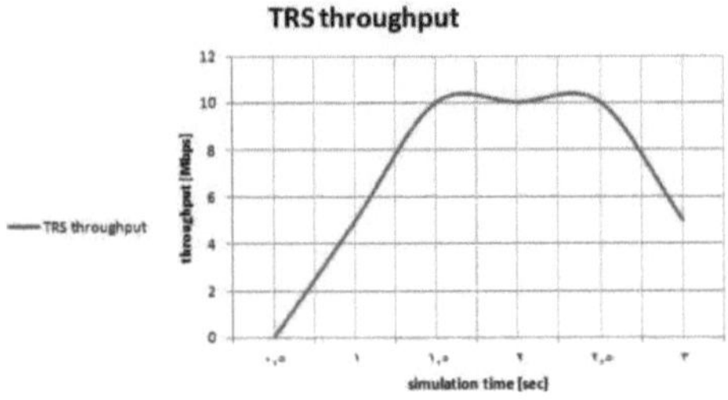

Fig. 8. Taxa de transferência com TRS

2. Jitter

A Figura 9 mostra o jitter quando se utiliza o conceito TRS no Redes WiMAX.

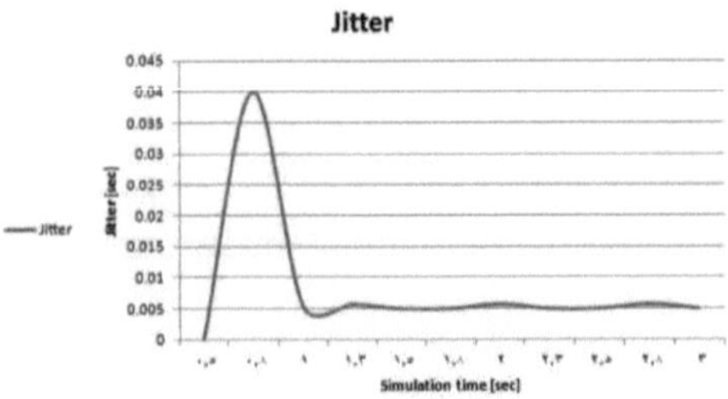

Fig. 9. Jitter com TRS

Na figura 9, podemos ver que o jitter aumenta até atingir (0,04) seg e depois diminui para o valor de (0,005) seg. A razão por detrás do jitter elevado no início é que, no início, o emissor WiMAX procura o caminho eficiente para o destino, quer através da estação de retransmissão (RS), quer enviando diretamente do emissor WiMAX para o recetor WiMAX sem utilizar a estação de retransmissão, pelo que esta seleção de caminho demora algum tempo a começar e depois diminui.

1. Comparações de rendimento

A figura seguinte mostra a comparação do débito entre a rede sem utilizar a estação de retransmissão (RS) e a rede TRS -Through Relay

Estação-rede (com RS), e os valores são retirados dos resultados da simulação.

Assim, podemos ver que os algoritmos TRS têm o maior débito (pode atingir 10 Mbps) em comparação com outro (8,2 Mbps).

Na figura 10 abaixo:

1) Eixo X: tempo de simulação (Seg)

2) Eixo Y: débito (Mbps)

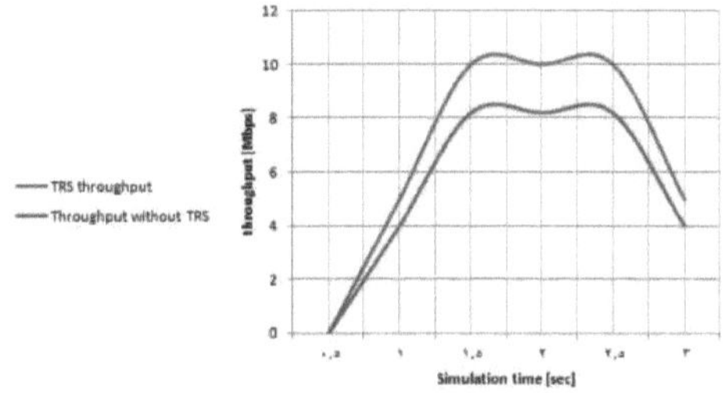

Fig. 10. Comparação do rendimento

2. Comparação de jitter

A Figura 11 mostra a comparação do desempenho do jitter para as duas redes, WiMAX com RS e WiMAX sem RS.

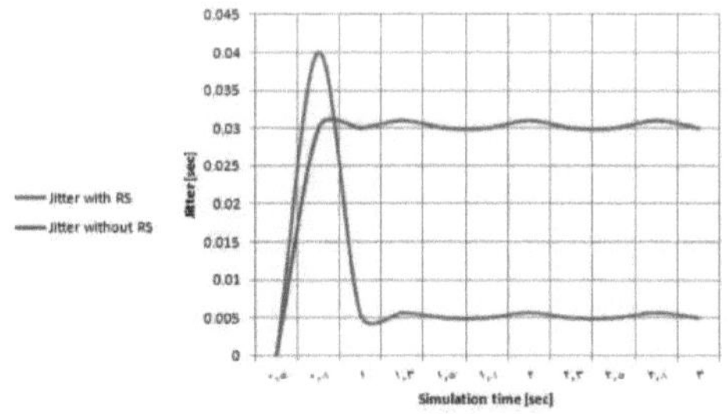

Fig. 11. Comparação de jitter

A partir do gráfico acima, os resultados mostram que a rede com RS apresenta um atraso de jitter inferior ao da rede sem RS.

6. CONCLUSÃO

A partir desta dissertação e dos resultados de simulação obtidos com o simulador de rede versão 2 (NS-2), podemos concluir que a adição da estação de retransmissão (RS), às redes IEEE 802.16, melhora muitos aspectos nas redes WiMAX, em primeiro lugar, aumenta a capacidade do sistema, especialmente nas áreas sobrepostas (como na sombra de um grande edifício, no interior ou no subsolo) e nos locais onde a qualidade do sinal é fraca (ao suportar a reutilização espacial).

A segunda, a utilização da estação de retransmissão no IEEE 802.16 melhorará o rendimento do sistema WiMAX, aumentando a relação sinal/interferência e ruído (SINR), especialmente para os utilizadores do que estão localizados na extremidade da célula IEEE 802.16.

Para além disso, uma estação de retransmissão (RS) é simples de implementar e não necessita de um backhaul como a estação de base (BS).

Referência

[1] Hampei Sasahara, Masaaki Nagahara, Kazunori Hayashi, e Yutaka Yamamoto, 2014, "Communication Performance Analysis of Sampled-Data H∞ Optimal Coupling Wave Canceler", arXiv:1412.7645v1 [cs.IT], Graduate School of Informatics, Kyoto University, Kyoto, Japão.

[2] Hsiao-Chen Lu e Wanjiun Liao, 2009, "Joint Base Station and Relay Station Placement for IEEE 802.16j Networks", Departamento de Engenharia Eléctrica, Universidade Nacional de Taiwan, Taipei, Taiwan

[3] Khaled N Yasen, 2012, "A Through Relay Station (Trs) Concept For Wimax (Ieee 802.16) Networks", Department Of Computer Science And Information Technology, Shepherd School Of Engineering And Technology, Sam Higginbottom Institute Of Agriculture Technology And Sciences Allahabad- 211007.

[4] Khan Mubeen Ahmed, Karada Om Prakash, 2012, " Analysis of Relay Stations in WiMAX Networks", IJCTA, ISSN:2229-6093, Int.J.Computer Technology & Applications, Vol 3 (4), 1431-1434.

[5] Walid Saad, Zhu Han, Tamer Bajsar, Mëroиane Debbah, e Are Hj0rungnes, 2009, "Network Formation Games Among Relay Stations in Next Generation Wireless Networks", IEEE Transactions On Communications, Accepted For Publication.

[6] Yang Yu, Sean Murphy, Liam Murphy, 2007, "Planning Base Station and Relay Station Locations in IEEE 802.16j Multi-hop Relay Networks", Department of Computer Science and Informatics, University College Dublin, Irlanda.

[7] Yang Yu, Se'a Murphy e Liam Murphy, 2009, "Planning Base Station and Relay Station Locations for IEEE 802.16j Network with Capacity Constraints", School of Computer Science and Informatics, University College Dublin, Dublin, Irlanda.

[8] Yongchul KIM, Mihail L. SICHITIU, 2009, "Optimal Placement of Transparent Relay Stations in 802.16j Mobile Multi-hop Relay Networks", The Institute of Electronics, Information and Communication Engineers, Department of Electrical and Computer Engineering, North Carolina State University, Raleigh, NC 27695, USA.

[9] Zakhia Abichar, Ahmed E. Kamal e J. Morris Chang, 2008, "Planning of Relay Station Locations in IEEE 802.16 (WiMAX) Networks", Department of Electrical and Computer Engineering, Iowa State University, Ames, IA 50011.

Capítulo 6

O impacto das normas internacionais de segurança da informação Melhorar a eficiência da publicação eletrónica através da computação em nuvem

Thabit H. Thabit, e Yaser A. Jasim[10]

Resumo:

Este artigo tem como objetivo determinar o papel das normas internacionais de segurança de dados para aumentar a eficiência da publicação eletrónica através da computação em nuvem, através de um estudo de caso a uma amostra de académicos e investigadores. Para atingir os objectivos deste artigo, foi desenvolvido um questionário para recolher dados das amostras e analisar esses dados utilizando ferramentas de lógica difusa.

Os investigadores concluíram que este trabalho produziu muitos resultados, sendo o mais significativo o facto de as normas internacionais terem um papel crucial e importante no aumento da eficiência da publicação eletrónica através da computação em nuvem, limitando o acesso aos documentos por parte de piratas informáticos (hackers, acesso ilegal, acesso não autorizado e plágio) e reforçando o papel das instituições de controlo para preservar os direitos de autor dos investigadores e dos autores.

Os investigadores recomendam a utilização de normas internacionais de segurança da informação para impor a publicação eletrónica através da computação em nuvem. Além disso, é necessário criar um instituto árabe para emitir normas de segurança da informação compatíveis com a cultura e o ambiente árabes.

Palavras-chave:

Publicação eletrónica, computação em nuvem, normas de segurança da informação

1. Introdução

Não há dúvida de que a revolução da informação e da comunicação que o mundo moderno enfrenta tem um impacto e um reflexo na gestão das instituições de informação, nos seus activos naturais e nos serviços que prestam. Sobretudo, após a enorme imigração que a sociedade da informação enfrentou nos anos 90, o rápido crescimento das tecnologias da informação e da comunicação, que proporcionou ao mundo uma fusão de técnicas informáticas e de comunicações a longa distância, o surgimento de redes desenvolvidas e todas as filiais da E-Publishing.

Tudo o que foi mencionado acima tem um efeito significativo na recolha de informações em geral, pelo que desempenhou um papel crucial na devolução da estrutura académica acreditada pelas

---

[10] *2nd Conferência Internacional sobre Engenharia da Comunicação e Ciência da Computação (CIC-COCOS'17), Universidade de Cihan, Erbil, Iraque, 29 de março de 2017*

instituições académicas e na sua disponibilização aos consumidores. A publicação eletrónica introduziu uma grande mudança em vários procedimentos técnicos e administrativos e, em especial, na publicação eletrónica através da computação em nuvem. Além disso, muitas instituições seguiram este acontecimento e emitiram normas, regras e princípios para enfrentar e eliminar todos os riscos.

2. *Edição eletrónica*

A edição eletrónica não é um conceito recente ou novo, tendo sido mencionado e discutido no século passado, mas o seu rápido crescimento e desenvolvimento verificaram-se na década de 1990; este desenvolvimento deveu-se às melhorias técnicas e à evolução das redes (sistema eletrónico).

De acordo com (Le Coadic, 1994), a publicação eletrónica pode ser definida como "um dos temas que mais se desenvolverá no futuro e que será amplamente utilizado para publicar artigos rapidamente, facilitar o acesso aos mesmos e ser o meio perfeito para os métodos de investigação"[1].

(Bloor, 2000) referiu que E-Publishing é um termo iniciado para abranger um conjunto de várias técnicas de informação e comunicações a utilizar para transferir o conteúdo de um livro através de redes (E-system) ou dispositivos móveis de armazenamento [2].

A publicação eletrónica foi definida por (Vickers e Martyn, 1994) como uma aplicação que exige que os utilizadores utilizem dispositivos electrónicos para receber um documento ou um conteúdo de um livro [3].

Chennupati et al., 2006, definiram este termo como uma aplicação informática preparada pelo autor para conter dados e informações destinados a uma amostra específica de pessoas e distribuí-los através de técnicas de informação e comunicação [4], sendo a publicação eletrónica um processo completo que visa fornecer diferentes tipos de informação a uma amostra variada de utilizadores.

De acordo com (Deschamps, 1994), a publicação eletrónica é classificada da seguinte forma [5]:

3) E-Books

4) Cursos electrónicos

5) Conferências electrónicas

6) Listas de discussão

7) Boletins de informação

Por conseguinte, a publicação eletrónica pode ser definida como "a capacidade de aceder a documentos através da World Wide Web (Internet) ou de dispositivos móveis de armazenamento que não podem ser iguais à cópia em papel; contém o mesmo conteúdo com outras facilidades".

(Saxena, 2009) partiu do princípio de que a publicação eletrónica é aplicada para a equação [6]:

E-Publishing = Técnicas de sistema eletrónico + Técnicas informáticas + Técnicas de comunicação + Publicar

O termo E-Publishing junta quatro termos, como se pode ver na figura (1):

Técnicas de sistema eletrónico, que consistem em todas as técnicas que fornecem capital e esforço para aumentar o capital; técnicas informáticas, que consistem em utilizar o computador para simplificar o trabalho, tirar partido da velocidade do processador no processamento de dados, da capacidade de armazenamento e utilizá-lo para trabalhar; técnicas de comunicação, que consistem em utilizar as qualificações das redes de comunicação na transferência de informações e dados; publicação, como edição, composição e promoção.

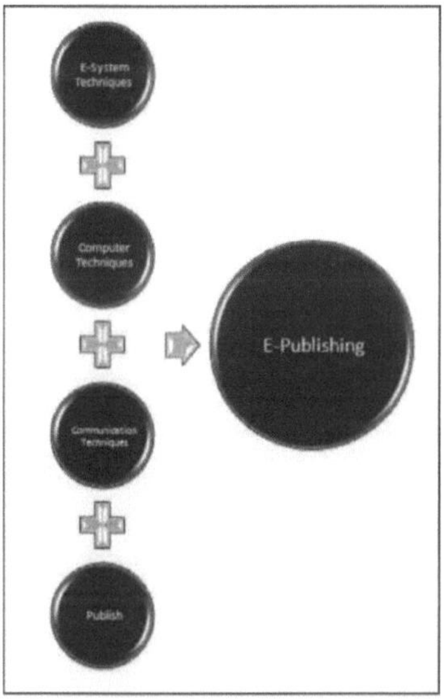

Fig. 1. Os componentes da edição eletrónica

A publicação tradicional e a publicação eletrónica não diferem apenas em duas fases, como se segue [7]:

1. Não inclui a utilização de materiais reais, como tinta e papel, para imprimir o resultado final.
2. Não há distribuição de cópias impressas do resultado final.

O resultado final deve ser eletrónico (digital) e intangível, pelo que pode ser lido na World Wide Web (Internet) através da utilização de computadores, tablets e smartphones e pode ser impresso em papel, de acordo com o desejo do cliente.

3. Publicação eletrónica através da computação em nuvem

O significado da publicação eletrónica através da computação em nuvem é que o conteúdo dos livros e os documentos electrónicos que contêm informações e dados serão publicados utilizando as capacidades de armazenamento da wide web.

Assim, os documentos estarão disponíveis para todos os que tenham acesso autorizado a descarregá-los, o que facilitará o acesso, reduzirá os custos e o tempo.

Há uma série de questões de segurança de publicação no âmbito da computação em nuvem, que abrangem muitas técnicas, tais como: redes de comunicação, base de dados, sistemas operativos, simulação virtual, programação de recursos, gestão de coeficientes, monitorização da sincronização e gestão do armazenamento, o que faz da segurança da computação em nuvem uma das condições mais necessárias para realizar com êxito o processo de publicação eletrónica. Para isso, todo o equipamento de hardware deve ser colocado num local seguro e protegido, os dados devem ser encriptados, devem ser consideradas políticas adequadas com um acordo nacional para utilizar normas internacionais de segurança da informação para o intercâmbio de dados e deve ser fornecido um software adequado para detetar e eliminar programas maliciosos [8].

A. Prós e contras da publicação eletrónica através da computação em nuvem

Há muitas vantagens que podem ser extraídas da publicação eletrónica em relação à computação em nuvem [9]:

1. Acesso rápido ao documento pretendido.
2. Redução do custo de publicação e do custo de armazenamento.
3. Fornecer conteúdos que não podem ser fornecidos por dispositivos móveis de armazenamento devido à dimensão dos dados, tais como clips de vídeo HD.

Por outro lado, existem algumas desvantagens que afectam a sua utilização por todos os países e sociedades, como se refere a seguir [10]:

1. A questão da velocidade de descarregamento e carregamento da Internet e a sua disponibilidade, especialmente nos países em desenvolvimento.
2. O custo dos dispositivos utilizados para ler documentos electrónicos, como o computador portátil, o tablet e o smartphone, aumentou.
3. Os direitos de propriedade intelectual (DPI) são os problemas mais perigosos da edição eletrónica através da computação em nuvem, em que a maioria das legislações aplicadas em vários países não consegue garantir a proteção dos direitos de autor face aos piratas informáticos e ao plágio.

B. Requisitos de segurança para a publicação eletrónica através da computação em nuvem

Para garantir a segurança da publicação eletrónica através do processo de computação em nuvem, é necessário fornecer os seguintes elementos [8]:

1. Apoiar o armazenamento de dados de forma eficiente e utilizar algoritmos de cifragem nos dados.
2. Gerir e armazenar grandes quantidades de dados através de software de alta segurança na nuvem.
3. Definir critérios de segurança para controlar o nível de autorização.
4. Aplicar as normas internacionais de segurança da informação de forma ativa e eficaz.

4. SEGURANÇA DA INFORMAÇÃO

Muitas organizações de segurança da informação (InfoSec) estabeleceram uma definição para este tópico, conforme mencionado abaixo [11]:

1. De acordo com a ISO, definiu-se (InfoSec) como: preservar a confidencialidade e a integridade da informação com a facilidade de acesso à informação, proporcionando também autenticidade, responsabilidade e fiabilidade.
2. A definição da organização do CNSS foi: proteção da informação e do sistema de informação contra o acesso não autorizado e a edição de dados, bem como a sua autenticidade e integridade.
3. A definição da organização ISACA é: a garantia de que apenas os utilizadores autorizados podem obter e tratar informações detalhadas de forma confidencial e íntegra.

Por outro lado, muitos investigadores e autores definiram (InfoSec) como "o processo de preservação dos (DPI) da organização"[12], ou "a confirmação de que a informação está segura e os riscos são geridos"[13]

(InfoSec) pode ser definida genericamente como "uma região de várias especialidades para actividades de workshops de estudo sobre o desenvolvimento de mecanismos de segurança para preservar a informação em todo o lado, proteger o seu armazenamento e mobilidade contra ameaças [11].

A. Normas internacionais de segurança da informação:

A fim de garantir o comércio de informações em geral, quer em formato eletrónico quer em papel, muitas organizações emitiram normas, regulamentos e regras relacionados com a segurança da informação. As normas mais importantes são as seguintes [14]:

1) Normas ISO; A ISO é conhecida como uma organização internacional para a unificação de normas, foi criada em 1947 e é um instituto não governamental que trabalha com o comité de técnicas electrónicas (IEC) e a união internacional de comunicações (ITU):

1. ISO 27001: esta norma introduz um modelo periódico (PDCA) que significa (Plan-Do-Check-Act) e visa determinar as necessidades necessárias para estabelecer, executar, operar, exibir, melhorar e documentar o sistema de gestão da segurança da informação.

2. ISO 27002: a norma inclui algumas políticas, orientação da política de segurança; organização da segurança da informação, seguro de recursos humanos e gestão de activos.

3. ISO 15408: esta norma ajuda a avaliar, verificar e certificar o seguro de segurança para produtos técnicos e também avaliar dispositivos e software afectos à EPublishing.

4. ISO 13335: consiste em princípios e orientações de série para documentar conceitos, modelar a segurança da informação e a gestão das técnicas de comunicação, selecionar controlos técnicos de segurança e orientações de administração para a segurança da rede.

2) Norma COBIT; é considerada como um quadro de controlo que liga as técnicas de informação e os requisitos de trabalho e organiza as actividades de técnicas de informação num modelo de processo de segurança da informação, a norma foi construída pelo Governmental Information Techniques Institute (GITI) em 1995.

3) Norma ITIL; representa um conjunto de melhores práticas de gestão das tecnologias da informação (ITSM) e centra-se nos serviços de processos de técnicas de informação em que o papel principal é desempenhado pelos utilizadores. Foi emitida pelo Office of the United Kingdom Trade Government (OGC).

4) Regulamentos e regras relacionados com a segurança da informação; existem muitos regulamentos, princípios de orientação e regras, tais como:

1. A Lei SOX significa Lei Sarbanes-Oxley. Esta lei foi criada em 2002, após os escândalos das empresas WorldCom e Enron. No início, o objetivo era melhorar a exatidão e a fiabilidade da divulgação de informações no mercado financeiro americano, mas, mais tarde, tornou-se um ícone da segurança da informação, através do desenvolvimento de uma monitorização interior da EPublishing.

2. COSO Act: significa Committee of Sponsoring Organization of the Trade way Commission e é um quadro que parte do controlo interior e melhora os meios de controlo para implementar a informação eletronicamente através da monitorização ambiental e da avaliação dos riscos.

3. Lei HIPAA: este termo significa "Health Insurance Portability and Accountability Act" (lei relativa à portabilidade e responsabilidade dos seguros de saúde), que é uma norma dos Estados Unidos da América que visa reforçar a segurança das

informações relativas aos cuidados de saúde e que estabelece os principais regulamentos para proteger as informações que ameaçam a segurança das informações originais e detetar o acesso não autorizado às mesmas.

4. Lei FISMA: o termo vem de Federal Information Security Management Act, onde é utilizado para gerir a segurança da informação federal e funciona periodicamente como uma avaliação de risco para a informação e definir estratégias para fornecer segurança para redes, sistemas de informação e EPublishing.

5. Lei FIPS: significa "Federal Information Processing Standards", ou seja, uma norma para o tratamento de informações federais, considerada como um conjunto de funcionários que publica em relação aos princípios e normas de direção acreditados para a publicação eletrónica, a auditoria, o certificado e o planeamento urgente.

A figura (2) mostra as normas internacionais mais importantes em matéria de segurança da informação que são utilizadas no seguro da informação para a publicação eletrónica em muitos países.

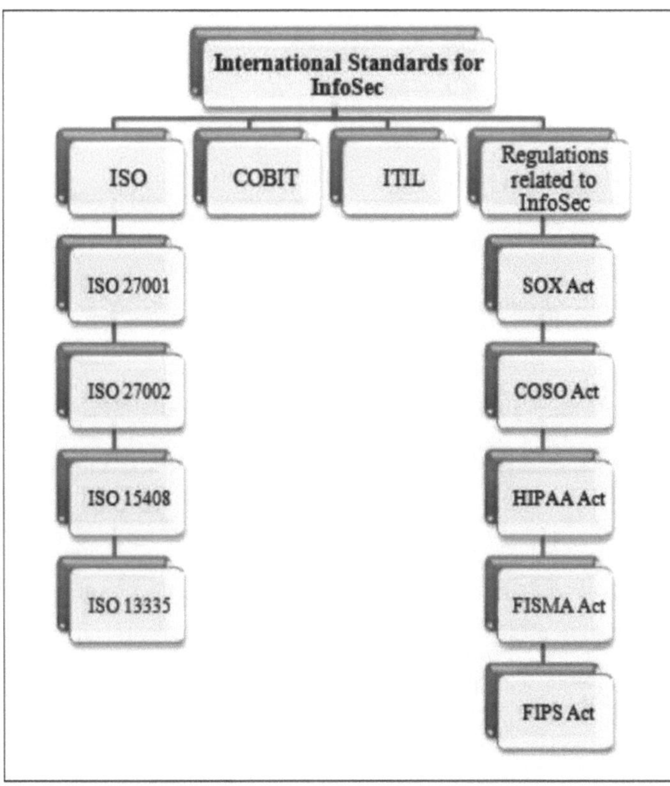

Fig. 2. Normas internacionais de segurança da informação

5. Secção Experimental (Análise de dados)

Para medir o impacto das normas internacionais em matéria de segurança da informação, a fim de aumentar a eficiência da edição eletrónica através da computação em nuvem, os investigadores conceberam um questionário composto por 4 eixos (A, B, C e D).

A seleção de um eixo é feita através de revisões da literatura de investigação. Este eixo inclui 10 perguntas relacionadas com a segurança da informação e a publicação eletrónica, tendo sido distribuídos 100 formulários de questionário a académicos e investigadores de diferentes especialidades, como mostra o quadro (1).

Quadro 1: Amostras de estudos de caso

S/N	Certificates	Position	Orientation	Amount
1	Bachelor	Practitioner	Technical	20
2	Bachelor	Researcher	Academic	20
3	Diploma	Practitioner	Technical	20
4	M.Sc.	Lecturer	Academic	20
5	Ph.D.	Lecturer	Academic	20

Foram utilizadas ferramentas de lógica difusa para analisar os resultados do formulário do questionário recolhido, aplicando-as no software MatLab para obter resultados reais que não estão sujeitos a tensão pessoal e de acordo com a opinião do inquiridor.

A. Eixos do formulário do questionário

O formulário do questionário é categorizado em (4) eixos para familiarizar o estudo de caso de forma subjectiva, estes eixos são:

1) O papel das normas internacionais de segurança da informação para limitar os problemas de pirataria informática e de cópias ilegais.

- Eixo A: O objetivo deste eixo é medir o impacto da aplicação de normas internacionais de segurança da informação para limitar a pirataria informática e as cópias ilegais. É determinado um rácio significativo de (40%) para o eixo (A) e são atribuídos pesos percentuais às perguntas do eixo, como se mostra no quadro (2), de acordo com a opinião do inquiridor, determinando-se depois a percentagem de peso para o eixo no seu conjunto, como se mostra no quadro (4), após o que todos os resultados processados são recolhidos através de ferramentas de lógica difusa, como se mostra no quadro (4).

Quadro 2: **Opinião dos inquiridos sobre o eixo (A)**

Q. Code	Ext. Disagree	Disagree	N.	Agree	Ext. Agree	Q. Weight
A_1	5	11	22	50	12	0.125
A_2	4	6	23	42	25	0.1
A_3	8	8	27	33	24	0.0875
A_4	4	0	16	41	39	0.0875
A_5	6	12	8	39	35	0.125
A_6	7	5	21	32	35	0.125
A_7	5	7	7	41	40	0.15
A_8	6	8	8	45	33	0.05
A_9	3	9	4	56	28	0.075
A_{10}	2	5	20	44	29	0.075

Tabela 3: Medida dos pesos dos rácios para o questionário de acordo com o eixo e a forma no total

Q. Code	Extremely Disagree		Disagree		Natural		Agree		Extremely Agree	
	Axis	Form	Axis	Form	Axis	Form	Axis	For m	Axis	Form
A_1	0.625	0.25	1.38	0.55	2.75	1.1	6.25	2.5	1.5	0.6
A_2	0.4	0.16	0.6	0.24	2.3	0.92	4.2	1.68	2.5	1
A_3	0.7	0.28	0.7	0.28	2.363	0.945	2.89	1.16	2.1	0.84
A_4	0.35	0.14	0	0	1.4	0.56	3.59	1.44	3.41	1.365
A_5	0.75	0.3	1.5	0.6	1	0.4	4.88	1.95	4.38	1.75
A_6	0.875	0.35	0.63	0.25	2.625	1.05	4	1.6	4.38	1.75
A_7	0.75	0.3	1.05	0.42	1.05	0.42	6.15	2.46	6	2.4
A_8	0.3	0.12	0.4	0.16	0.4	0.16	2.25	0.9	1.65	0.66
A_9	0.225	0.09	0.68	0.27	0.3	0.12	4.2	1.68	2.1	0.84
A_{10}	0.15	0.06	0.38	0.15	1.5	0.6	3.3	1.32	2.18	0.87

Tabela 4: Medida de compatibilidade em relação ao eixo

Acceptance Degree	Axis Impact	Questionnaire Impact
Extremely Disagree	5.125	2.05
Disagree	7.3	2.92
Neutral	15.6875	6.275
Agree	41.7	16.68
Extremely Agree	30.1875	12.075

2) O papel das normas internacionais de segurança da informação na preservação dos direitos de publicação dos investigadores e autores.

3)

- Eixos B: O objetivo deste eixo é medir o impacto da aplicação de normas internacionais de segurança da informação para preservar os direitos de publicação. Por conseguinte, determina-se um rácio significativo de (30%) para o eixo (B) e atribuem-se pesos percentuais às perguntas do eixo, como se mostra no quadro (5), de acordo com a opinião do inquiridor, determinando depois a percentagem de peso para o eixo no seu conjunto, como se mostra no quadro (6), após o que todos os resultados processados são reunidos utilizando ferramentas de lógica difusa, como se mostra no quadro (7).

Quadro 5: Opinião dos inquiridos sobre o eixo (B)

Q. Code	Ext. Disagree	Disagree	N.	Agree	Ext. Agree	Q. Weight
B_1	7	16	20	40	17	0.1
B_2	9	8	21	36	26	0.125
B_3	5	8	18	37	32	0.15
B_4	7	3	16	33	41	0.1
B_5	6	10	11	37	36	0.125
B_6	11	6	25	25	33	0.15
B_7	15	7	16	25	37	0.075
B_8	12	11	18	29	30	0.05
B_9	3	9	19	41	28	0.05
B_{10}	5	13	22	36	24	0.075

Tabela 6: Medida dos pesos dos rácios para o questionário de acordo com o eixo e a forma em todos os

Q. Code	Extremely Disagree		Disagree		Natural		Agree		Extremely Agree	
	Axis	Form	Axis	Form	Axis	Form	Axis	Form	Axis	Form
B_1	0.7	0.21	1.6	0.48	2	0.6	4	1.2	1.7	0.51
B_2	1.125	0.3375	1	0.3	2.625	0.7875	4.5	1.35	3.25	0.975
B_3	0.75	0.225	1.2	0.36	2.7	0.81	5.55	1.665	4.8	1.44
B_4	0.7	0.21	0.3	0.09	1.6	0.48	3.3	0.99	4.1	1.23
B_5	0.75	0.225	1.25	0.375	1.375	0.4125	4.625	1.3875	4.5	1.35
B_6	1.65	0.495	0.9	0.27	3.75	1.125	3.75	1.125	4.95	1.485
B_7	1.125	0.3375	0.525	0.1575	1.2	0.36	1.875	0.5625	2.775	0.8325
B_8	0.6	0.18	0.55	0.165	0.9	0.27	1.45	0.435	1.5	0.45
B_9	0.15	0.045	0.45	0.135	0.95	0.285	2.05	0.615	1.4	0.42
B_{10}	0.375	0.1125	0.975	0.2925	1.65	0.495	2.7	0.81	1.8	0.54

Tabela 7: Medida de compatibilidade em relação ao eixo

Acceptance Degree	Axis Impact	Questionnaire Impact
Extremely Disagree	7.925	2.3775
Disagree	8.75	2.625
Neutral	18.75	5.625
Agree	33.8	10.14
Extremely Agree	30.775	9.2325

3) O papel das normas internacionais de segurança da informação na redução do custo do armazenamento eletrónico.

- Eixos C: O objetivo deste eixo é medir o impacto da aplicação de normas internacionais de segurança da informação para reduzir o custo do armazenamento eletrónico. Por conseguinte, determina-se um rácio significativo de (20%) para o eixo (C) e atribuem-se pesos percentuais às perguntas do eixo, como se mostra no quadro (8), de acordo com a opinião do inquiridor, determinando depois a percentagem de peso para o eixo no seu conjunto, como se mostra no quadro (9), após o que todos os resultados processados são reunidos utilizando ferramentas de lógica difusa, como se mostra no quadro (10).

Quadro 8: Opinião dos inquiridos sobre o eixo (C)

Q. Code	Ext. Disagree	Disagree	N.	Agree	Ext. Agree	Q. Weight
C_1	19	14	15	28	24	0.1125
C_2	12	18	19	31	20	0.1
C_3	17	20	14	27	22	0.1
C_4	13	11	12	23	41	0.125
C_5	11	15	13	28	33	0.0625
C_6	15	19	17	15	34	0.1
C_7	16	17	18	19	30	0.15
C_8	12	11	19	28	30	0.075
C_9	10	19	22	29	20	0.075
C_{10}	11	12	20	30	27	0.1

Tabela 9: Medida dos pesos dos rácios para o questionário de acordo com o eixo e a forma em todos os

Q. Code	Extremely Disagree		Disagree		Natural		Agree		Extremely Agree	
	Axis	Form	Axis	Form	Axis	Form	Axis	Form	Axis	Form
C_1	2.137	0.4275	1.575	0.315	1.688	0.338	3.15	0.63	2.7	0.54
C_2	1.2	0.24	1.8	0.36	1.9	0.38	3.1	0.62	2	0.4
C_3	1.7	0.34	2	0.4	1.4	0.28	2.7	0.54	2.2	0.44
C_4	1.625	0.325	1.375	0.275	1.5	0.3	2.875	0.575	5.125	1.025
C_5	0.687	0.1375	0.938	0.188	0.813	0.163	1.75	0.35	2.063	0.413
C_6	1.5	0.3	1.9	0.38	1.7	0.34	1.5	0.3	3.4	0.68
C_7	2.4	0.48	2.55	0.51	2.7	0.54	2.85	0.57	4.5	0.9
C_8	0.9	0.18	0.825	0.165	1.425	0.285	2.1	0.42	2.25	0.45
C_9	0.75	0.15	1.425	0.285	1.65	0.33	2.175	0.435	1.5	0.3
C_{10}	1.1	0.22	1.2	0.24	2	0.4	3	0.6	2.7	0.54

Tabela 10: Medida de compatibilidade em relação ao eixo

Acceptance Degree	Axis Impact	Questionnaire Impact
Extremely Disagree	14	2.8
Disagree	15.5875	3.1175
Neutral	16.775	3.355
Agree	25.2	5.04
Extremely Agree	28.4375	5.6875

4) O papel das normas internacionais de segurança da informação no acesso rápido ao objetivo desejado.

- Eixos D: O objetivo deste eixo é medir o impacto da aplicação das normas internacionais de segurança da informação no acesso rápido ao objetivo pretendido. Por conseguinte, determina-se um rácio significativo de (10%) para o eixo (D) e atribuem-se pesos percentuais às perguntas do eixo, como se mostra no quadro (11), de acordo com a opinião do inquiridor, determinando depois a percentagem de peso para o eixo no seu conjunto, como se mostra no quadro (12), após o que todos os resultados processados são reunidos utilizando ferramentas de lógica difusa, como se mostra no quadro (13).

Quadro 11: Opinião dos inquiridos sobre o eixo (D)

Q. Code	Ext. Disagree	Disagree	N.	Agree	Ext. Agree	Q. Weight
D_1	24	25	21	20	10	0.125
D_2	18	23	22	24	13	0.1
D_3	25	24	18	27	6	0.075
D_4	21	26	19	13	21	0.125
D_5	19	21	17	20	23	0.075
D_6	23	16	23	15	23	0.075
D_7	25	19	19	15	22	0.015
D_8	20	18	21	23	18	0.125
D_9	23	20	20	21	16	0.11
D_{10}	15	23	21	20	21	0.175

Tabela 12: Medida dos pesos dos rácios para o questionário de acordo com o eixo e a forma em todos os

Q. Code	Extremely Disagree		Disagree		Natural		Agree		Extremely Agree	
	Axis	Form	Axis	Form	Axis	Form	Axis	Form	Axis	Form
D_1	3	0.3	3.125	0.3125	2.625	0.2625	2.5	0.25	1.25	0.125
D_2	1.8	0.18	2.3	0.23	2.2	0.22	2.4	0.24	1.3	0.13
D_3	1.875	0.1875	1.8	0.18	1.35	0.135	2.025	0.2025	0.45	0.045
D_4	2.625	0.2625	3.25	0.325	2.375	0.2375	1.625	0.1625	2.625	0.2625
D_5	1.425	0.1425	1.575	0.1575	1.275	0.1275	1.5	0.15	1.725	0.1725
D_6	1.725	0.1725	1.2	0.12	1.725	0.1725	1.125	0.1125	1.725	0.1725
D_7	0.375	0.0375	0.285	0.0285	0.285	0.0285	0.225	0.0225	0.33	0.033
D_8	2.5	0.25	2.25	0.225	2.625	0.2625	2.875	0.2875	2.25	0.225
D_9	2.53	0.253	2.2	0.22	2.2	0.22	2.31	0.231	1.76	0.176
D_{10}	2.625	0.2625	4.025	0.4025	3.675	0.3675	3.5	0.35	3.675	0.3675

Quadro 13: Medida de compatibilidade em relação ao eixo

Acceptance Degree	Axis Impact	Questionnaire Impact
Extremely Disagree	20.48	2.048
Disagree	22.01	2.201
Neutral	20.335	2.0335
Agree	20.085	2.0085
Extremely Agree	17.09	1.709

Todos os eixos que foram analisados através da medição do efeito da aplicação das normas internacionais de segurança da informação para melhorar a eficiência da edição eletrónica foram selecionados devido à sua coesão com as normas internacionais de segurança da informação.

No regresso aos quadros anteriores, foi possível determinar o impacto das normas internacionais de segurança da informação no aumento da eficiência da edição eletrónica através da computação em nuvem, de acordo com a opinião dos inquiridos, utilizando ferramentas de lógica difusa, como mostra o quadro (14).

Tabela (14) Determinar o impacto das normas internacionais de segurança da informação para melhorar a eficiência da publicação eletrónica através da computação em nuvem

Degree	A Axis	B Axis	C Axis	D Axis	Total
Extremely Disagree	2.05	2.3775	2.8	2.048	9.2755
Disagree	2.92	2.625	3.1175	2.201	10.8635
Neutral	6.275	5.625	3.355	2.0335	20.139
Agree	16.68	10.14	5.04	2.0085	33.8685
Extremely Agree	12.075	9.2325	5.6875	1.709	28.704

Conclusões:

Os investigadores concluíram os seguintes resultados:

- Os efeitos das Normas Internacionais de Segurança da Informação na eficiência da publicação eletrónica através da limitação de cópias não autorizadas e da pirataria informática, em que os resultados da análise do questionário mostram que (71%) concorda e (21%) não concorda.

- As normas internacionais de segurança da informação podem aumentar o fator de segurança dos direitos dos investigadores e dos autores, tendo 64% dos inquiridos concordado que existe um efeito e 16% recusado.

- As Normas Internacionais de Segurança da Informação têm um impacto nos custos de armazenamento eletrónico, os resultados mostraram que (54%) concordam e (30%) não concordam.

- O acesso rápido ao objetivo ou documento pretendido tem uma relação com a Information Security International

Normas, cujos resultados mostraram que (37%) concordam e (42%) não concordam.

- De um modo geral, os resultados finais da análise do formulário do questionário provaram que (63%) dos investigadores e académicos confirmaram que existe uma relação sólida entre as Normas Internacionais de Segurança da Informação e o aumento da eficiência da publicação eletrónica através da computação em nuvem.

Recomendações:

- Com base nos resultados mencionados anteriormente, os investigadores recomendam o seguinte:

- Para promover a publicação eletrónica através da computação em nuvem, é obrigatório utilizar as normas internacionais de segurança da informação.

- Desenvolver um instituto árabe para emitir normas internacionais de segurança da informação que se coadunem com o ambiente e a cultura árabe.

- Aumentar a consciência cultural dos investigadores e académicos sobre as normas internacionais de segurança da informação e o seu efeito na edição eletrónica e na edição tradicional.

Referências:

[1] Alexandra, Maria, e Aparício, Miranda, 2003, "Access to the Electronic Publishing in African Countries: Algumas Reflexões". In Da informação ao conhecimento: Actas da 7ª Conferência Internacional ICCC/IFIP sobre Publicação Eletrónica. ELPUB. Minho, Portugal: Universidade do Minho, pp. 62-71.

[2] Bloor, Kate, 2000, Scientific electronic publishing: European policy strategies, Library Review, vol. 49(6), pp. 277-285.

[3] Vickers, Peter, e Martyn, John, 1994, The Impact of Electronic Publishing on Library Services and Resources in the UK: Report of the British Library Working Party on Electronic Publishing (Library & Information Research Reports), The British Library Publishing Division, Reino Unido.

[4] Chennupati, K.R., Foo, S., e Heng, P.C., 2006, Trends in Electronic Publishing, eLearning and Digital Publishing, Computer Supported Cooperative Work Volume 33, Springer, 111-132.

[5] Deschamps, Christine, 1994, The Electronic Library, Conferência de Bielefeld, vol. 44(4), 1994, pp.304-310.

[6] Saxena, Archana, 2009, Electronic Publishing: Impact of ICT on Academic Libraries, ICAL 2009 - Poster Papers, pp. 670-672.

[7] Adegoke, Yinka, 2012, Apple jumps into digital textbooks fray, Yahoo News, 19 de janeiro.

[8] Hamlen, Kevin, Kantarcioglu, Murat, Khan, Latifur, e Thuraisingham, Bhavani, 2010, Security Issues for Cloud Computing, International Journal of Information Security and Privacy, 4(2), 39-51.

[9] Strudwick, Nigel, 2004, Electronic publishing: the example of BMSAES, disponível em

linha em http://www.thebritishmuseum.ac.uk

[10] http://wikibon.org/wiki/v/The_Advantages_of_Electronic_Publishing_over_Paper_PrintingJlkj

[11] Cherdantseva Y. e Hilton J., 2013, "Information Security and Information Assurance. The Discussion about the Meaning, Scope, and Goals", In Dimensões Organizacionais, Legais e Tecnológicas do Administrador de Sistemas de Informação. Almeida F., Portela, I. (eds.). IGI Global Publishing.

[12] Pipkin, D., 2000, Information security: Protecting the global enterprise, Nova Iorque, Hewlett-Packard Company.

[13] Anderson, J. M., 2003, Why we need a new definition of information security, Computers & Security, 22(4), 308-313.

[14] Mudarra, Fahad F., 2010, The International Standards of Information Security, Center of Excellence in Information Assurance, King Saud University, KSA.

MIX
Papier aus verantwortungsvollen Quellen
Paper from responsible sources
FSC® C105338

Printed by Books on Demand GmbH, Norderstedt / Germany